Delhi Sanskrit Series ; No. 1

देहली संस्कृत ग्रन्थमाला; १

General Editor
ANJANA SARMA BHARADWAJ

AF239650

The Svacchandatantra

with

Uddyota of Kṣemarāja

श्रीस्वच्छन्दतन्त्रम् ।

श्रीमहामाहेश्वराचार्यवर्य-श्रीक्षेमराजकृतोद्द्योताख्यटीकोपेतम् ।

The Svacchandatantra
with
Uddyota of Kṣemarāja

श्रीस्वच्छन्दतन्त्रम् ।

श्रीमहामाहेश्वराचार्यवर्य-श्रीक्षेमराजकृतोद्द्योताख्यटीकोपेतम् ।

MADHUSUDAN KAUL SASTRI

VOLUME IV

GIAN

GIAN PUBLISHING HOUSE

New Delhi-110002

The Svacchandatantra
with
Uddyota of Ksemar

ISBN: 9788121204088 (Set)

MADHUSUDAN KAUL SASTRI

Reprinted 2016 in India by
Gyan Publishing House
5 , Main Ansari Road, Daryaganj,
New Delhi - 110002
Phones : 9811692060

E-mail : books@gyanbooks.com
gyanbook@vsnl.com
Website: gyanbooks.com

अथ

श्रीस्वच्छन्दतन्त्रम् ।

श्रीमन्महामाहेश्वराचार्यश्रीक्षेमराजकृतोद्योताख्य-
विवरणोपेतम् ।

(एकादशः पटलः)

स्वस्वरूपात्मशक्त्यैव स्वाभिन्नं संसृजञ्जगत् ।
संहरंश्च जयत्येकः स्वच्छन्दो बोधभैरवः ॥ १ ॥

यदुक्तम्

'अत्रारूढस्तु कुरुते शिवः परमकारणम् ।
सृष्टि..............................॥' (१०।१२५८)

इत्यादि, तत् निर्णाययिषुः पटलसंगतिं कुर्वती

श्रीदेव्युवाच

अध्वायं तु मया ज्ञात-
स्त्वत्प्रसादात्सुराधिप ।
जगत्सृष्टिस्त्वया देव
सूचिता नतु वर्णिता ॥ १ ॥

अयमिति भुवनात्मा । जगदिति देहगत-बाह्यगततत्त्वाध्वरूपमेव । सूचितेति 'नादबिन्द्वादिकं कार्यमित्यादिजगदुद्भवः ।' (१०।१२६४) इति ॥ १ ॥

अतश्च त्वं

अध्वसृष्टिं महादेव
कथय त्व प्रसादतः ।

हे महादेव अशेषविश्वप्रभो द्योतनादिस-तत्त्व, त्व आत्मन्, प्रसादतोऽन्तर्नैर्मल्यगम-नात् तात्त्विकार्थानिगूहनेन अध्वनः सृष्टिमु-त्पत्तिं कथय । सृष्टिमित्युपलक्षणपरं स्थिति-संहारयोरपि अभिधास्यमानत्वात् ॥

एतन्निर्णयाय श्रीभैरव उवाच

योऽसौ सूक्ष्मः परो देवः
कारणं सर्वगः शिवः ॥ २ ॥
निमित्तकारणं सोऽत्र
कथितस्तव सुव्रते ।

योऽसाविति प्रतिपादितनिःसामान्यचिदा-नन्दघनः, परः सूक्ष्म इत्यन्तःकरणस्यापि अगो-

चरः, देवो द्योतनादिसतत्त्वः, कार्यते स्वशक्त्या आभास्यते अनेन कार्यमिति कारणं कर्ता विशेषानुपादानात् सर्वत्र, तथा कार्यतेऽनेन कार्यं, कार्यतेऽस्मिन्निति च कारणं तेन स्वतन्त्रः कर्ता स्वशक्त्यैव स्वभित्तौ सर्वमाभासयतीत्यर्थः । यद्वक्ष्यति

'स्वतेजसा वरारोहे············।' (११।४)

इत्यादि । यच्च तदाभासयति, न तत् व्यतिरिक्तमित्याह सर्वगः इति सर्वं गच्छति प्राप्नोति सर्वात्मतां गृह्णाति, अथच तद्गच्छति आभासयति अधितिष्ठति च तावदशेषव्यापकतदनाच्छादितस्वप्रकाशतया । स्वप्रकाशस्य अस्य सिद्धौ न वराकं प्रमाणमुपयुक्तं प्रत्युत एतदायत्ता प्रमाणादिवस्तुसिद्धिः । अतश्च शिव उन्मीलननिमीलनाद्यवस्थास्वपि श्रेयःस्वभाव एव इत्येवंभूतो यः, सोऽत्र जगति कर्तव्ये निमित्तकारणं तव सुव्रते तदद्वयसमापत्तिकारणभूते कथितः, नतु व्यापकत्वनित्यत्वमात्रेण दिक्कालादिसाधारणेन, नापि उपादानाद्यपेक्षकार्यजनकत्वेन कुम्भकारादिसाधारणेन रूपेण

यथा अन्येषामद्वैतोपदेशायोग्यानामुक्तः । एवमीश्वरस्यानीश्वरत्वमेवोपेतम् । यथोक्तमन्यैः

'ये त्वीश्वरं व्यपदिशन्ति निमित्तहेतुं
दत्तास्तिलाञ्जलिरमीभिरिहेशितायै ।
अन्याङ्गतोपगमनेन वशीकृतस्य
कामीश्वरस्थितिममी वत संगिरन्ते ॥'

इति । तस्माद्यथोक्तमेव साधु ॥

ननु निष्प्रयोजना न प्रेक्षापूर्वकारिणां प्रवृत्तिरस्ति, नच अस्य इयजन्तुचक्रायासदायां सृष्टौ किमपि प्रयोजनमुत्पश्याम इत्याशङ्कां शमयितुमाह

अकामात्संसृजेत्सर्वं
जगत्स्थावरजङ्गमम् ॥ ३ ॥
स्वतेजसा वरारोहे
व्योम संक्षोभ्य लीलया ।

अकामात् परिपूर्णत्वेन फलानभिलाषात्, लीलया स्वतन्त्रक्रीडयैव, सर्वं स्थावरजङ्गमं जगत् जीवात्मकं निर्मिमीते; नतु जीवा नाम नित्याः केचित्संभवन्ति । एवं हि अनादिमति

संसारे जीवानामानन्त्येऽपि प्रतियुगमेकैकमुक्तौ संसारोच्छेद एव स्यात् । तेन परमेश्वर एव स्वच्छस्वच्छन्दचिन्मात्रमूर्तिः

'स्वशक्तिप्रचयोऽस्य विश्वम्' (३।३०)

इति शिवसूत्रोक्तस्थित्या स्वरूपगोपनासतत्त्ववेद्यवेदकप्रपञ्चरूपं जगत् दर्पणनगरवदनतिरिक्तमपि अतिरिक्तमिव आभासयति । एवं च न कश्चिद्व्यतिरिक्तो जीवपदार्थोऽपि यदायासकत्वेन भगवतोऽप्रेक्षापूर्वकारिता स्यात् । ईदृशं च जगदसौ न व्यतिरिक्तेन कारणेन केनचित् प्रकाशयति, अपितु स्वतेजसा

'तस्य देवातिदेवस्य परबोधस्वरूपिणः ।
विमर्शः परमा शक्तिरवियुक्तो यया प्रभुः ॥'

इति श्रीकालिकाकुलोक्तस्थित्या व्योम उन्मनावरणं स्वस्वरूपमेव संक्षोभ्य

'अत्रारूढस्तु कुरुते शिवः परमकारणम् ।' (१०।१२५८)

इत्युक्तदृशा व्यापिनीशक्तिसदाशिवादिभावाभावात्मकस्वशक्तिभित्तिभूतसमनाशक्तिभूमिकामाश्रित्य समनात्मकस्वशक्तिभित्तौ स्वशक्त्यैव परमेश्वरेण जगत् भास्यते इति तात्पर्यम् ॥

अतश्च यत्प्राक् कारणशब्दस्य अर्थत्रयं व्याख्यातं, तदेव इह स्फुटीभूतम्, अत एव अत्र न व्यतिरिक्तमुपादानं किमपि, अपितु तदेव व्योमेत्याह

उपादानं तु तत्प्रोक्तं
संक्षुब्धं समवायतः ॥ ४ ॥

तदेव व्यापकावरणस्वस्वरूपं व्योम समवायतो नित्याविभिन्नविमर्शमयपराशक्तिसंबन्धात् संक्षुब्धं भावितसंक्षोभं योग्यस्पर्शभूमिकाप्रदर्शनेन किञ्चिच्चलमिव इदन्ताभासोल्लासभित्तिभूतत्वावभासनेन उच्छलदिव। वस्तुतो ह्युन्मनाख्यैव परविमर्शमयी पारमेश्वरी स्वातन्त्र्यशक्तिरहन्तैकरसा स्वरूपगोपनक्रीडा सदाशिवानाश्रितपदात्मकसर्वभावाभाससूत्रणभित्तिकल्पसमनारूपतया स्फुरति। इत्थं च करणाधिकरणोपादानरूपमशेषं विश्वकर्तुः परमेश्वरादभिन्नमेवेति प्रतिपादितं भवति॥ ४ ॥

यथा च भगवता प्रकाशमानतया स्वाव्यतिरिक्तमपि व्यतिरिक्तमिव जगदाभास्यते,

तथा तन्मध्यनियतपौर्वापर्यावभासात्मा महामायाशक्तिभूमौ मायापदे च विचित्रः कार्यकारणभावोऽपि प्रदर्श्यते । यथोक्तं प्रत्यभिज्ञायां

'मूर्तिवैचित्र्यतो देशक्रममाभासयत्यसौ ।
क्रियावैचित्र्यनिर्भासात्कालक्रममपीश्वरः ॥' (२।१।५)

इति ॥ ४ ॥

तदेतदुपपादयितुमाह

तस्माच्छून्यं समुत्पन्नं
शून्यात्स्पर्शसमुद्भवः ।
तस्मान्नादः समुत्पन्नः
पूर्वं वै कथितस्तव ॥ ५ ॥

तस्मात्समनाशक्तिरूपाद्व्योम्नः शून्यमनाश्रितभट्टारकान्ताशेषविश्वावभासप्रशमाभावावभासात्मकव्यापिनीपदमुत्पन्नम् । ततोऽपि प्रतिपादितरूपप्रसुप्तभुजगाकारशक्तितत्त्वात्मा स्पर्शः । इत्थमेकैव परमेशेच्छाशक्तिः परसूक्ष्मस्थूलरूपतया मेयाभाससूत्रणामयी समना व्यापिनी शक्तिरिति चोच्यते एकस्या अपि इच्छायाः सूक्ष्मरूपज्ञानक्रियाशक्तिसंभेदेन त्रित्वात् । त-

स्मादपि शक्त्यात्मनः स्पर्शात् शून्यरूपवाच्य-वाचकोभयात्मकस्य जगतो मध्यात् प्रथमं समस्तवाचकाविभागमयो नाद उत्पन्नः। संशब्देन उत्पाद्यमानस्य सर्वस्य कार्यस्य शक्त्यात्मककारणभित्तिसंलग्नता उच्यते । पूर्वमिति नादावरणरूपणाद्यवसरे ॥ ५ ॥

यश्च अयं नाद उक्तः

अष्टधा स तु देवेशि
व्यक्तः शब्दप्रभेदतः ।

स्वयमव्यक्तध्वनिरूपोऽपि वक्ष्यमाणैर्भेदैरष्टधा व्यक्तरूपतां प्राप्तः ॥

तद्यथा

घोषो रावः स्वनः शब्दः
स्फोटाख्यो ध्वनिरेव च ॥ ६ ॥
झाङ्कारो ध्वङ्कृतश्चैव
अष्टौ शब्दाः प्रकीर्तिताः ।

एते च धर्मशिवाचार्येण स्वपद्धतौ

'एतेषां लक्षणं वच्मो गुरुपारम्परागतम्'

इत्युपक्रम्य इत्थं व्याख्याताः

'श्रवणाङ्गुलिसंयोगाद्यः शब्दः संप्रवर्तते ।
दीप्तवह्निस्वनाभासः स शब्दो घोष उच्यते ॥
तदन्तेऽनुभवो यस्य ईषन्मर्मविसर्पिणः ।
भिन्नकांस्यनिभो रूक्षः स रावः स्यात्तदन्तगः ॥
ततो वंशध्वनिप्रख्यो निवाते सौम्यवर्षवत् ।
स नादः स्वन इत्युक्तस्तत्परः कथितो ह्यसौ ॥
चतुर्थः स तु वै शब्दः सर्वशब्दभवारणिः ।
आत्मानं रावयन्नादः खे यथा भ्रमरीरवः ॥
वाक्यस्य स्फुटतां धत्ते वर्णभेदावभासकः ।
स्फोट इत्युदितो नादः पञ्चमः शास्त्रभिस्ततः ॥
ततोऽतितानधर्मित्वान्नादः श्रोत्रसुखावहः ।
विपञ्च्याः पञ्चमीं तन्त्रीं हत्वा तीव्रप्रयत्नतः ॥
यथा व्यज्यत आकाशे स षष्ठो ध्वनिसंज्ञितः ।
सर्वतन्त्रीसमाघाताद्वीणायामिव साधु यः ॥
मृदुस्तब्धं निनदति झाङ्कारः सप्तमस्त्वसौ ।
घण्टानिनादानुकृतिः कदाचिद्व्यज्यतेऽन्यथा ॥
तुङ्गमेघध्वनिनिभः सोऽष्टमो ध्वङ्कृतः स्मृतः ।'

एषामष्टानामपि

नवमस्तु महाशब्दः
सर्वेषां व्यापकः स्मृतः ॥ ७ ॥

नदत्यस्मै सदा यस्मा-
त्सर्वभूतेष्ववस्थितः ।

'शक्तिमध्यगतो नादो वंशनादान्तसंनिभः ।'

इति यो नादः प्रतिपादितः, स महाशब्दः सर्वेष्वन्तःसंज्ञबहिःसंज्ञेषु स्थावरादिदेवयोन्यन्तेषु भूतेषु अवस्थितः । अत एव हि

'नादाख्यं यत्परं बीजं सर्वभूतेष्ववस्थितम् ।'

इत्याद्युक्तिप्रतिपादितया नादाख्यया विमर्शसत्तया सर्वेषां सत्त्वम् ॥

यत एवमतः

तस्मात्सदाशिवो देवो
व्यक्तो वै दृक्क्रियात्मकः ॥ ८ ॥

स एव नादो ज्ञानक्रियारूपसदाशिवभट्टारकाभिव्यक्तिसतत्त्व इत्यर्थः ॥ ८ ॥

अथ अस्मात्

नादाद्बिन्दुः समुत्पन्नः
सूर्यकोटिसमप्रभः ।

अन्तःकृतज्ञानशक्तिप्रधाननादपरामर्शः समस्तवेद्याविभक्तः क्रियाशक्त्यात्मा प्रकाशो बिन्दुः समस्तवेद्याविभिन्नप्रथत्वादेव सूर्यकोटिसमप्रभः ॥

स चैव दशधा ज्ञेयो
दशतत्त्वफलप्रदः ॥ ९ ॥
दशधा वर्णरूपेण
दशदैवतसंयुतः ।

क्रियाशक्तिप्रधानो बिन्दुरन्तर्गतेच्छाज्ञानशक्तिद्वयः, एकैकस्याश्च शक्तेः सर्वशक्तिसंभेद इति नव शक्तयः, एतत्सामरस्यात्मा मुख्यो दशमः स्वभाव इति दशधात्वमस्य । तच्च

'सितं रक्तं च पीतं च कृष्णं हरितपिङ्गलम् ।
नीलं विचित्रवर्णं तु स्फटिकाभं मनोरमम् ॥' (१५१)

इति द्वादशपटलवक्ष्यमाणवर्णस्वरूपभेदेन दशधा । तत्रैव

'कुङ्कुमाभं च नारेशं त्रिनेत्रं तु जटाधरम् ।
पूर्वाननमभिध्यायेद्वायुभक्षस्य यत्फलम् ॥
तत्पुण्यफलमाप्नोति .... ।' (१२२)

इत्यादितत्पुरुषादिदेवतापञ्चकध्यानं तत्फलपञ्चकं च प्रतिपादयिष्यति । तथा तत्रैव अन्तर्गतनादानुद्भिन्नाकारबिन्दुप्रकाशापेक्षया

'घण्टानादस्य वा ध्यानात्सिद्धिः षाण्मासिकी भवेत् ।
ईप्सिता मर्त्यलोके तु सिद्धिस्तस्य प्रजायते ॥

लिङ्गध्यानं तु यः कुर्यात्पूर्वबीजेन संयुतम् ।
मासेनैकेन पश्येत्स सूक्ष्मलिङ्गं तनूपरि ॥
शुद्धस्फटिकसंकाशं तद्दृष्ट्वा तु विमुच्यते ।
सिद्धिस्तु मानुषे लोके षण्मासेन प्रजायते ॥'

इत्यन्तर्गतनादाविभक्तप्रकाशबिन्द्वात्मषष्ठदेवताध्यानं तत्फलं च प्रतिपादयिष्यति । तथा

'निवृत्तिश्च प्रतिष्ठा च विद्या शान्तिस्तथैव च ।
कलाचतुष्टयोपेतो ध्यातव्यो बिन्दुरीश्वरः ॥' (१५४)

इत्यादि अभिधास्यति। इत्थं दशदैवतसंयुतो निवृत्त्यादिकलाभिश्च सह दशतत्त्वफलप्रद इति व्याख्येयम्। टीकाकारैस्तु एवमेतत्पूर्वापरमपरामृश्य

'स चैव दशधा'············ ।

इत्यादिर्विद्यातत्त्वविषयो ग्रन्थः, तत्र च षण्ठवर्णान् बिन्दुविसर्गौ च वर्जयित्वा अकारादिवर्णदशकयुक्तत्वं तत्संभिन्नैकैककादिव्यञ्जनदेवतायोगाद्दशदैवतत्वम्, एतद्वर्णदशकाभिव्यक्तत्वात्सर्ववाङ्मयरूपं फलं दशधा अत्रेति यत्स्वकल्पनया व्याकारि, तदुपेक्ष्यम् । विद्यातत्त्वविषयस्तु ग्रन्थः

तस्माद्विद्या ततो माया················ ।' (११।५३)

इत्यग्रे भविष्यति । एतदपि तैर्न परामृष्टम्— इत्यलं पूर्वैः सह निर्बन्धेन ॥

अथ एतस्मात्

बिन्दोः सदाशिवो ज्ञेयः
सोऽष्टभेदाङ्गसंयुतः ॥ १० ॥
पञ्चब्रह्मकलाभिश्च
विद्याङ्गैः शक्तिभिर्युतः ।
पञ्चभिश्च महाज्ञानै-
र्मूर्तिभिश्च समन्वितः ॥ ११ ॥

स सदाशिव इति यः पूर्वं भौवनेऽध्वनि बिन्द्वावरणादधः स्थूलरूप उक्तः, तस्यैव हि सकलाद्यष्टभेदैरङ्गैः परिवारैः पञ्चभिरीशानादिब्रह्मभिः सर्वज्ञत्वादिरूपैर्वेदनप्रधानैः षड्भिरङ्गैर्वामाद्याभिर्विद्याद्याभिश्च शक्तिभिस्ताराद्यष्टात्रिंशत्कलाभिः पञ्चवक्त्रोद्भूतस्रोतःपञ्चकरूपैर्महद्भिर्ज्ञानशास्त्रैः ओंकारादिभिर्दशभिर्विजयादिभिरष्टादशभिश्च मूर्तिभिर्व्यक्तत्वं पूर्वमभिहितम् । अतो यदन्यैर्बिन्दुः सदाशिव इति पठित्वा घो-

षाद्यष्टकाङ्गयुक्तनादाख्यसदाशिवरूपो बिन्दुरिति सामानाधिकरण्येन व्याख्यातं, तदसत् ॥

किंच

स एवापररूपेण
परमात्मा शिवोऽव्ययः ।

यः पूर्वं परमकारणरूपोऽव्ययः शिव उक्तः स एव अपररूपेण सदाशिवभट्टारकः, न त्वसौ व्यतिरिक्त इत्यर्थः ॥

अतः

द्विधावस्थः स च ज्ञेयः
सोच्चारोच्चारवर्जितः ॥ १२ ॥
मुद्रामन्त्रस्वरूपेण
स एव च पुनर्द्विधा ।
क्रियाज्ञानस्वरूपेण
इच्छारूपस्वरूपतः ॥ १३ ॥

यः शिवोऽव्यय उक्तः, स द्विधा व्यापकत्वेन अवस्थितो ज्ञेयो ज्ञातव्यः । कथमित्याह सहोच्चारेण ऊर्ध्वोच्चारणरूपेण बिन्दुनादादिपरामर्शात्मना रूपेण वर्तते, उच्चारवर्जितस्त्वशेषविश्व-

व्यापिपरमशिवात्मा स्वभावः एतत्स्वरूपप्राप्त्युपायात्मनापि मुद्रामन्त्रस्वरूपेण द्विधा । मुद्रा हि परतत्त्वप्रतिबिम्बभूता अन्तःसंविद्द्रविणमुद्रणात् मुदं रान्ती पाशमोचनभेदद्रावणकारिणी तत्तत्संनिवेशरूपतया परस्फारमनुकुर्वती, तथा मन्त्रोऽपि अन्तर्गुप्तभाषणात्मकपरपरामर्शसतत्त्वेन मननत्राणधर्मा परतत्त्वप्राप्त्युपायः परमेशात्मैव । परमेश्वर एव हि उपेयपदवदुपायरूपतया स्फुरितः । किंच क्रियाशक्तिप्रधानेन ईश्वरभट्टारकात्मना ज्ञानशक्तिप्रधानेन च सदाशिवभट्टारकात्मना स एव स्फुरितः, तथा इच्छाशक्त्यात्मना अनाश्रितरूपेण स्वरूपेण च शक्तिमद्रूपपरमशिवात्मना ॥ १३ ॥

न केवलमित्थमुपेयात्मना उपायात्मतया शक्तिवैचित्र्येण भगवानेवं भाति, यावत्समस्तशास्त्रीयलौकिकव्यवहारगतसर्ववाचकात्मतया तद्वाच्यवस्त्वात्मतया चेत्याह

शब्दावबोधरूपेण
वस्तुरूपस्वरूपतः ।

शब्दरूपेण तदवबोधरूपेण तथा शब्दवाच्यवस्तुरूपेण स्वरूपेण च पूर्णचिदात्मनेत्यर्थः। स्वरूपेणेत्युक्तेरिदमाकूतं-यदशेषशब्दार्थचिन्तारूपतया स्फुरन्नपि परमेश्वरोऽपरिम्लानचिदानन्दघन एवेति सर्वमिदं परभैरवाद्वैतरूपमेव । तदुक्तं मयैव

हेयं केचन मन्वते जगदिदं बाह्यं तनुस्थं परे
मेश्वरान्तनिवेशकेप्यथ परे देहे परस्मिन्स्थितौ । (?)
भिन्नं भाति न जातु यत्पुनरिदं चिद्भानुभासस्ततो
भाभिर्भामि निजाभिराभिरभितो विश्वात्मभिर्भैरवः॥

इति । येषां तु परमेशमायाशक्त्यावृतत्वादेतत्प्रथायोग्यता नास्ति, तदभिप्रायेण

'समनान्तं वरारोहे पाशजालमनन्तकम् ।' (४।४३२)

इत्यादि उक्तमिति न पूर्वापरवैषम्यं किंचित् ॥

तदित्थं

स्थूलः सूक्ष्मः परश्चैव
परातीतो निरञ्जनः ॥ १४ ॥
व्योमरूपस्वरूपेण
समनोन्मन एव च ।

उन्मनातीतो देवेशि
शिवो ज्ञेयः शिवागमे ॥१५॥

योऽसावुन्मनाक्रमं जानामीत्युक्तामुन्मनाशक्तिमतिशयेन इतः प्राप्तस्तद्वाराधिरूढः शक्तिमदात्मा शिवागमे शिवः श्रेयःस्वभाव उच्यते, स्थूलो भूम्यादिप्रकृत्यन्तेन रूपेण, सूक्ष्मः पुमादिमायान्तेन, परः शुद्धविद्यादिशक्तितत्त्वान्तेन स्फुरितस्तथा व्योमरूपेण अनाश्रितात्मना स्वरूपेण, किंच समनोन्मने शक्ती विद्येते यस्यासौ समनोन्मनस्तद्रूपीत्यर्थः अशेषविश्वात्मना परमेश एव स्फुरतीति यावत् ॥

एवं स्थूलाद्युन्मनान्तं विश्वं परमेशमयमेवेत्युपसंहारदृष्ट्या उक्त्वा प्रसरक्रमेणापि तत्तत्कारणात्मना स एव स्फुरतीत्यादिशति

उन्मनासमनास्थानं
शिवेन समधिष्ठितम् ।
पञ्चकारणरूपेण
तदधः पुनरेव सः ॥ १६ ॥

तिष्ठत्यस्मिन्विश्वमिति स्थानमुन्मनारूपं स्वा-

तथ्यशक्तिरूपं, तत्स्वातथ्यावभासितं च यत् भावाभावरूपाशेषसूत्रणात्म समनारूपं स्थानं तत् शिवेन सम्यगधिष्ठितं स्वभित्तौ स्वाभेदेन अवभासितमित्यर्थः । तस्याः समनाया अध इति व्याप्यात्मनि शून्यातिशून्ये पदे चिदानन्देच्छाज्ञानक्रियाख्यशक्तिपञ्चकप्रधानेन अनाश्रितादिव्याप्यन्तपञ्चकारणरूपेण स एव शिवः पुनरपि स्थितः, न पुनरनाश्रितादयस्तद्व्यतिरिक्ताः केचित् ॥ १६ ॥

किंच एतत्

कारणं पञ्चकं देवि
अधिष्ठाय त्वधस्ततः ।

ततोऽनाश्रितादिपञ्चकारणात्मनो रूपादधः शक्तिब्रह्मबिलसुषुम्नानादनादान्तबिन्दुपदानि अधिष्ठाय अभेदेन तद्भूमीराभास्य एतत्कारणपञ्चकं स्थितमित्यनुषङ्गः ॥

एतद्विभजति

व्यापकः शक्तिमूर्धस्थो
बिलद्वारमनाश्रितः ॥ १७ ॥

अनन्तश्च सुषुम्नेशा-
स्त्वनाथश्चोर्ध्वगस्तथा ।
व्योमरूपी महादेवि
बिन्द्वीशः परिकीर्तितः ॥१८॥

व्यापक इति व्यापिभट्टारकः प्रपञ्चव्याप्त्या, शक्तिमूर्धस्थ इति शक्त्यावरणरूपो यो मूर्धा तत्स्थ इति तद्गतः

'स्थूलः सूक्ष्म .... ।' (११।१४)

इत्युक्तकारणपञ्चकात्मतया स्फुरितः, तथा अनाश्रितभट्टारको बिलद्वारमिति तदधिष्ठातृ-ब्रह्मरूपः, एवमनन्तः सुषुम्नावरणाधिष्ठातृसुषु-म्नेशरूपः, अनाथ ऊर्ध्वग इति नादान्ताधि-ष्ठात्रूर्ध्वगेशरूपः, व्योमभट्टारकोऽपि बिन्द्वावर-णगतशान्त्यतीताख्यबिन्द्वीशमूर्तिः । ननु च अनाहतानाथानन्तव्योमव्यापिनो ये पूर्वमुद्दि-ष्टास्ते यद्युत्तरा भूमीरानुलोम्येन भजन्ते, तद-नाश्रितः शक्तिमूर्धस्थ इत्याद्युक्त्या भवितव्यम् । अथ प्रातिलोम्येन तथा

'व्यापी तु शक्तिमूर्धस्थो बिलद्वारं स्वरूपकः'

इत्यादि दर्शनीयं, तत्कोऽत्र क्रमः । एक एव

पञ्चशक्तिसामरस्यात्परमेश्वरो यथास्वातन्त्र्यमनाश्रितादिव्याप्यन्तकारणपञ्चकरूपतां प्रपञ्चव्याहृत्या श्रित्वा शक्त्यादिबिन्द्वावरणगततत्तदीशमूर्तिरूपतयापि स्फुरितः, नत्वत्र आनुलोम्यं प्रातिलोम्यं वा किंचित् अपितु अक्रम एवात्र क्रमो वास्तवेन वृत्तेन सर्वेषां भगवदेकमयत्वादित्याशयेन अयमीदृशः क्रमोऽत्र प्रदर्शितः । एवमुत्तरत्रापि स्मर्तव्यम् । तदुक्तं श्रीप्रत्यभिज्ञायां

'या चैषा प्रतिभा तत्तत्पदार्थक्रमरूषिता ।
अक्रमानन्तचिद्रूपः प्रमाता स महेश्वरः ॥' (१।७।१)

इति ॥ १८ ॥

इमामेव अभेदसारां प्रपञ्चव्याप्तिं सार्धश्लोकेन प्रदर्शयति

अनाश्रितः स्वयं ब्रह्मा
　　समधिष्ठाय संस्थितः ।
अनाथो विष्णुरित्युक्त-
　　स्त्वनन्तो रुद्र एव च ॥ १९ ॥

व्योमरूपीश्वरः प्रोक्तो
व्यापी चैव सदाशिवः ।

अनाश्रितभट्टारक एव स्वयं साक्षाद्ब्रह्मा समधिष्ठाय संस्थित इति भूरादिब्रह्मलोकान्तमित्यर्थात् ॥

किंच

व्यापकश्च पुनर्देवि
हाटकः परमेश्वरः ॥ २० ॥
विद्यामन्त्रगणैर्युक्तः
सप्तपातालनायकः ।
अनन्तश्चैव देवेशि
रुद्रः कालाग्निविग्रहः ॥ २१ ॥
अनाथोऽनन्तरूपेण
स्थितश्चाध्वनि धारकः ।
अनाश्रितो महादेवि
स्थितो वै हूहुकः प्रभुः ॥२२॥

अनन्तरूपेणेति कर्परिकाधोगतानन्तभट्टारकात्मना, अध्वनीति कर्परिकापर्यन्ते । हूहुक

इति पूर्वोक्तानन्तभुवनान्तर्वर्ती । तदेवं स्थूलेन हूहुकादिना सूक्ष्मेण ब्रह्मादिना च पञ्चकेन एक एव परमेश्वरः पूर्वोक्तपञ्चशक्त्यात्मा स्वच्छन्दनाथः प्रपञ्चव्याप्त्या स्फुरित इत्यनेनापि आशयेन

'स्थूलः सूक्ष्मः परश्चैव परातीतो निरञ्जनः ।' (११।१४)

इति श्लोकार्धं संगमयितव्यम् । अनाश्रितादिपञ्चकस्य एवं प्रपञ्चव्याप्तिं तथा सर्वादेरनाश्रितनाथस्य सर्वान्तहूहुकनाथरूपतां प्रदर्शयन् सर्वमिदं निरञ्जनसतत्त्वमेवेति शिक्षयति वस्तुतोऽनाश्रितभट्टारकस्य निरञ्जनपरभैरवस्वरूपाव्यतिरेकात् ॥ २२ ॥

यदाह

स्वशक्त्याश्रितः स भगवां-
स्तेन गीतस्त्वनाश्रितः ।

स्वा विशेषानुपादानात् विश्वस्य प्रभवभूता या पारमेश्वरी स्वातन्त्र्यशक्तिस्तामाश्रितः साक्षात्तद्वित्तौ तदविभिन्नस्फारतया स्फुरति । परमे-

श्वरो हि इच्छाशक्त्यात्मना अनाश्रितभट्टारकः स्वरूपकल्प एव । यदाह श्रीप्रत्यभिज्ञाकारः

'सा द्वितीयैव शिवता..........'

इति ॥

अतश्च

तस्याश्रितं जगत्सर्व-

मुन्मन्यन्तं वरानने ॥ २३ ॥

उन्मनी शक्तिरन्ते यस्य समनावधेर्जगतः, तत् तस्य आश्रितमनाश्रितभट्टारकरूपशिवतत्त्वाश्रितमित्यर्थः ॥ २३ ॥

यथाच पारमेशीं परां विश्वधारिकां स्वातन्त्र्यशक्तिभित्तिमाश्रित्य अनाश्रितनाथः, तथाच परमूर्तिर्हूहुकभट्टारकोऽपि तामेव आश्रित्य स्थित इत्याह

संस्थितश्चाम्भसो मूर्ध्नि

शक्त्याधारस्तु हूहुकः ।

शक्त्याधार इति अपरशक्त्याश्रयः । अम्भसो मूर्ध्नीत्यनेन अस्य देशनिर्देशः । यत् श्री-

भुल्लकः शक्त्याधार इति ब्रह्माण्डकर्परिकारूपाधारशक्त्याश्रय इतीहापि व्याकार्षीत्, तदस्य विस्मृतवस्तुसमर्थनचरमेवेत्युपेक्ष्यम् ॥

किंच

अप्तत्त्वं चैव तदध
आग्नेयं तदनन्तरम् ॥ २४ ॥
वायव्यं नाभसं चैव
तन्मात्राणीन्द्रियाणि च ।
विषयाश्च मनश्चैव
अहङ्कारस्त्वनुक्रमात् ॥ २५ ॥
बौद्धं गौणं च देवेशि
प्राकृतं पौरुषं तथा ।
नियतिः कालरागौ च
विद्या चैव कला तथा ॥२६॥
मायातत्त्वं तथा विद्या
ईश्वरश्च सदाशिवः ।
बिन्द्वर्धेन्दुनिरोधी च
नादो नाडी त्वतः परम् ॥२७॥

अधो ब्रह्मबिलं देवि
शक्तितत्त्वं ततः परम् ।
पञ्चकारणसंयुक्ता
व्यापिनी च ततः परम् ॥२८॥
समना उन्मना चैव
प्रक्रियाण्डैर्युता प्रिये ।

विषया इति ये पूर्वं रश्म्यावरणगता उक्तास्त इह विषयाकारतया स्थिताः । ततश्च यदाह श्रीभुल्लको विषया महाभूतस्वरूपा एवेह इन्द्रियग्राह्या इन्द्रियोक्त्यनुषङ्गेण प्रसङ्गादुक्ता इति, तदसत् । बौद्धमित्यादौ तत्त्वमिति योजनीयम् । नाडीति सुषुम्नावरणगता च सुषुम्नैव । अधो ब्रह्मबिलमिति अपास्य ऊर्ध्वं ब्रह्मबिलमिति टीकाकारपाठो न साधुः ऊर्ध्ववदधोऽपि सुषुम्नान्तस्य अध्वनो ब्रह्मबिलव्याप्तत्वात् पृथिव्यादितत्त्वानामुत्तरोत्तरमन्तर्बहिर्व्याप्त्यवस्थित्या प्रतिपादितत्वात् । उन्मनाया विशेषणं प्रक्रियाण्डैर्युतेति प्रोक्तया प्रक्रियया स्थिता अण्डा

ब्रह्माण्डप्रकृत्यण्डमायाण्डशक्त्यण्डास्तैर्युता सं-बद्धा । ते हि सर्वे तदेकाश्रयाः ॥

एतत्संकलयति

एवं वै प्रक्रियाण्डं तु

अधोर्ध्वं संव्यवस्थितम् ॥२९॥

प्रोक्तप्रक्रियया स्थितं यदण्डमित्येकवचनात् मायाण्डं शक्त्यण्डं चैकरूपं, तदध ऊर्ध्वं च अ-न्तर्वर्तितत्त्वतत्त्वगर्भीकारेण सम्यक् सबाह्याभ्य-न्तरव्याप्त्या विशेषेण अवस्थितम् ॥

किं शक्त्यण्डमायाण्डद्वयमेव अन्तर्वर्तितत्त्त-त्त्वोर्ध्वाधरादिव्याप्त्या स्थितं, नेत्याह

एवंविधान्यधोऽधो वै

ऊर्ध्वोर्ध्वं च समन्ततः ।

एवंविधानीति बहुवचनेन मायाण्डान्तर्ग-तप्रकृत्यण्डब्रह्माण्डपरामर्शस्तेषां बहुत्वात् । तदुक्तं श्रीमालिनीविजये

'पृथग्द्वयमसंख्यातमेकमेकं पृथग्द्वयम् ।' (२।५०)

इति । एवंविधानीत्युक्तिः अधोऽध ऊर्ध्वोर्ध्व च समन्ततः इत्यनेन व्याख्याता ॥

बहुवचनसूचितमनेकत्वं .स्फुटयति

यथा आत्माणवो देवि
  असंख्याता व्यवस्थिताः ॥३०॥

एवं वै प्रक्रियाण्डानि
  त्वसंख्येयान्यनेकशः ।

व्यवस्थिता इति ऐश्वर्या मायाशक्त्या तथा
संकुचितत्वेन आभासनादित्यर्थः । प्रकृत्यण्डा-
नीति बहुवचनात्प्रकृत्यण्डब्रह्माण्डरूपाणीत्यु-
क्तमेव ॥

तर्हि तान्यपि विभागेन किं न वर्ण्यन्ते ।
यतः

एकेन वर्णितेनेह
  सर्वोऽध्वा वर्णितः प्रिये ॥३१॥
यथा ह्येकं तथा सर्वं
  प्रक्रियाण्डं स्थितं प्रिये ।
सर्वेषां प्रक्रियाण्डानां
  स्वस्वरूपेण सुव्रते ॥ ३२ ॥

व्यापकस्तु शिवः सूक्ष्मः
सबाह्याभ्यन्तरं स्थितः ।
सर्वातिशयनिर्मुक्तः
सर्वकारणवर्जितः ॥ ३३ ॥
सृष्टिसंहारनिर्मुक्तः
प्रपञ्चातीतगोचरः ।

स्वेन अनपायिचित्प्रकाशात्मना स्वरूपेण सर्वेषां सूक्ष्मः शिव इति परमशिवभट्टारको बहिरन्तश्च व्यापकः स्थितश्चित्प्रकाशात्मकपरमशिवरूपतां विना कस्यापि सत्तासिद्धेः शिवमयमेव विश्वमित्यर्थः । शिवसदाशिवेश्वरादीनामधराधरापेक्षया यथोत्थानमतिशयोऽस्ति । परमशिवस्तु चित्प्रकाशमात्रात्मतया महासत्तात्मा महासामान्यरूप इति एतदन्यस्य अतिशयावधेरभावात् सर्वातिशयैर्निर्मुक्तः सर्वकारणं सर्वकारणवर्जितश्च नित्योदितचिदेकमूर्तिरिति तन्त्रेण व्याख्येयं यतः सृष्टिसंहाराभ्यां निर्मुक्तः । सर्वस्य हि जगत एष एव भगवान्

स्वच्छस्वच्छन्दचिदेकमूर्तिः स्रष्टा संहर्ता च, नतु अस्यापि अन्यस्तस्य कल्प्यमानस्यापि एतत्प्रकाशात्मतां विना अनुपपत्तेः। किंच अयं प्रपञ्चं वैचित्र्यमतीतः स्वचित्प्रकाशैकमयत्वेनैव प्रकाशमानो गोचरो जगदात्मा सर्वो विषयो यस्य । तदुक्तं श्रीप्रत्यभिज्ञायां

'स्वात्मेव स्वात्मना पूर्णा भावा भान्त्यमितस्य तु ।' (२।१।७)

इति ॥

किंच अयं

निर्मलो विमलः शान्त-
स्त्वध ऊर्ध्वं व्यवस्थितः ॥३४॥

निर्गता आणवाद्या मला यस्मात् तथाभूतोऽसौ, विमलः चित्प्रकाशैकमूर्तिः, अतश्च समस्तभेदोपशमात् शान्तः, तथापिच स एव अध इति मायादिक्षित्यन्ततया, ऊर्ध्वं च शुद्धविद्यादिशिवान्ततया, विविधेन रूपेणावस्थितो न हि तत्प्रकाशातिरिक्ता कापि कस्यापि कदापि सत्ता अस्तीत्युक्तत्वात् ॥ ३४ ॥

एतत् दृष्टान्तप्रमुखं घटयति

आकाशस्य यथा नोर्ध्वं
न मध्यं नाप्यधः क्वचित् ।
एवं सर्वगतो देवः
शिवः परमकारणम् ॥ ३५ ॥
व्याप्य देवि जगत्सर्वं
व्योमसु व्योमवत्स्थितः ।

व्योमसु गृहघटाद्यवच्छिन्नेषु आकाशप्रदेशेषु यथा व्योम अभेदमयमेव स्थितं, तथा जगत्सर्वं प्रकाशमानत्वात्प्रकाशमयं चित्प्रकाशात्मा शिवः अभेदेन व्याप्य स्थितः । अत एव अस्य देशकालादिकृत ऊर्ध्वमध्याधरभेदो न कश्चित् ॥

एतदेव अद्वयज्ञानं परमोपादेयमित्याह

एवं ज्ञात्वा वरारोहे
न भूयो जन्मभाग्भवेत् ॥३६॥

एवं शिवभट्टारकस्यैव स्वप्रकाशमयसमस्त-

जगद्भेदव्याप्तिं प्रदर्श्य, तत्प्रपञ्चरूपाणां ब्रह्मादीनां यावती व्याप्तिस्तामपि दर्शयति

कारणानां पुनर्व्याप्तिं
कथयामि समासतः ।

पूर्वमनाश्रितादेः परमकारणपञ्चकस्य हृदुकान्तं व्याप्यव्यापकभावो दर्शितः, इदानीं तु तस्यैव अपररूपतया ब्रह्मादिपञ्चकरूपस्य तत्त्वाद्यधिष्ठानद्वारिका व्याप्तिः प्रदर्श्यते

तत्त्वे तु पार्थिवे ब्रह्मा
अधिष्ठाता व्यवस्थितः ॥ ३७ ॥
अप्तत्त्वे तु स्थितो विष्णू
रुद्रस्तेजसि संस्थितः ।
ईश्वरो वायुतत्त्वे तु
आकाशे तु सदाशिवः ॥ ३८ ॥

व्यवस्थितः । पूर्वं

'कलानां यावती व्याप्तिस्तत्त्वानां तावदेव हि ।' (५।१३)

इत्युक्तत्वात्प्रतिष्ठादिकलाव्याप्ततत्त्वानुसारात्तत्त्वादितत्त्वस्वरूपं मन्तव्यम् ॥ ३८ ॥

आदित्यश्च स्मृतो ब्रह्मा
सोमो विष्णुश्च सुव्रते ।
ग्रहाणामधिपो रुद्रो
नक्षत्राणां तथेश्वरः ॥ ३९ ॥
यजमानस्तु देवेशि
स्वयं देवः सदाशिवः ।

इह पृथिव्यादिपञ्चकं सूर्यः सोमो यजमानश्चेति या अष्टौ महेश्वरस्य मूर्तयः, ततः कलाव्याप्तिसप्ततत्त्वं मेयरूपं पृथिव्यादिमूर्तिपञ्चकं ब्रह्मादिकारणैरधिष्ठितमित्युक्तम्। यत्तु करणपक्षे निविष्टा च याजमानी मूर्तिः पञ्चमीति, तत्रापि ब्रह्माद्यधिष्ठितत्वमुक्तम् । आदित्य इति प्राणो दक्षिणस्रोतश्च । सोमोऽपानो वामस्रोतश्च । ग्रहनक्षत्राधिपौ बाह्यौ सोमसूर्यौ प्रमेयप्रकाशेनोपयुक्तौ । सदाशिवस्य यजमानत्वमशेषप्रमेयप्रमाणाधिष्ठातृपरप्रमातृमयत्वात् ॥

समस्तमहेश्वरमूर्त्यधिष्ठातारो ये ब्रह्मादयस्तेऽपि सद्यआदिभगवन्मन्त्रमया एवेति इत्थ-

मपि परमेश्वराद्वयमयमेव जगदित्यादिशति

सद्योजातस्तु वै ब्रह्मा
वामो विष्णुः प्रकीर्तितः ॥४०॥
अघोरो रुद्र इत्युक्त-
स्तथा पुरुष ईश्वरः ।
ईशानस्तु वरारोहे
स्वयं देवः सदाशिवः ॥ ४१ ॥

यच्च एतत् ब्रह्माद्यधिष्ठातृ भगवच्छक्तिरूपं सद्यआदिमन्त्रपञ्चकं, तदेव वेदादिसमस्तशास्त्र-प्रपञ्चरूपमित्याह

सद्योजातस्तु ऋग्वेदो
वामदेवो यजुः स्मृतः ।
अघोरः सामवेदस्तु
पुरुषोऽथर्व उच्यते ॥ ४२ ॥
ईशानश्च सुरश्रेष्ठः
सर्वविद्यात्मकः स्मृतः ।

ऋगादिवेदाः प्रत्येकं कर्मदेवताज्ञानकाण्डा-

त्मका मन्तव्याः । सर्वविद्यात्मक इत्युक्त्या प्रोक्तोऽपि प्रविभागः अस्यैव भगवतः प्रपञ्च इति शास्त्रक्रमेणापि भगवदद्वयमयमेव जगत् ॥

ज्ञानक्रमेणापि अद्वैतमित्याह

लौकिकं देवि विज्ञानं
सद्योजाताद्विनिर्गतम् ॥ ४३ ॥
वैदिकं वामदेवात्तु
आध्यात्मिकमघोरतः ।
पुरुषाच्चातिमार्गाख्यं
निर्गतं तु वरानने ॥ ४४ ॥
मन्त्राख्यं तु महाज्ञान-
मीशानात्तु विनिर्गतम् ।

लौकिकं वार्तादण्डनीत्यायुर्वेदधनुर्वेदनाट्यवेदादिप्रतिपाद्यकृषिनयानयचिकित्सादिविज्ञानम् । वैदिकं नित्यनैमित्तिककाम्ययज्ञादिस्वरूपम् । आध्यात्मिकं सांख्ययोगादिप्रतिपादितप्रकृतिपुरुषविवेकज्ञानसर्ववृत्तिनिरोधज्ञानादिकम् । आतिमार्गिकं वेदसांख्ययोगाद्युक्तोपासात्मकप्रसिद्धमार्गातिक्रान्तं सामान्येन पारमे-

शशास्त्रप्रतिपादितविविधमुद्रामण्डलक्रियाद्युपायरूपं विज्ञानमिह अभिप्रेतं, नतु विशिष्टं चतुष्टयात् । मन्त्राख्यमिति तत्रैव पारमेशेषु शास्त्रेषु पञ्चप्रणवाधिकारप्रतिपादितनीत्या मन्त्रेषु आ समन्तात् ख्यानं यस्य तथाभूतं यन्महाज्ञानं मन्त्रवीर्यदं ज्ञानपादप्रोक्तक्रियादितन्त्रात्मकविज्ञानाद्वैलक्षण्येन अनुभवसारतां मन्त्राणां प्रथयति ॥

पञ्चतत्त्वाधिष्ठानद्वारेण विश्वाधिष्ठातृत्वं ब्रह्मादिकारणपञ्चकस्य उक्तं, वितत्य तु प्रतिपादयितुमाह

तथा तत्त्वविभागेन
पुनश्च शृणु सुव्रते ॥ ४५ ॥
चतुर्विंशतितत्त्वानि
ब्रह्मा व्याप्य व्यवस्थितः ।
प्रधानान्तं तु देवेशि

गुणतत्त्वस्य पृथगविवक्षितत्वात् चतुर्विंशतितत्त्वानि व्याप्येति प्राग्वदभेदेन अधिष्ठाय, अत एव प्रतिपादितहृदयविषया आलो-

चनादिसृष्टिकारिणी ब्राह्मी व्याप्तिरस्तीति तत्र तत्र उच्यते ॥

पौरुषं तु जनार्दनः ॥ ४६ ॥
नियतेरथ मायान्तं
रुद्रो व्याप्य व्यवस्थितः ।
विद्या तथैश्वरं तत्त्वं
व्याप्तं चैवेश्वरेण तु ॥ ४७ ॥
ऊर्ध्वं सदाशिवो देवः
सर्वं व्याप्य व्यवस्थितः ।

ऊर्ध्वमिति सदाशिवशक्तिशिवाख्यं तत्त्वत्रयम् । सदाशिव इति अनाश्रितपरव्याप्त्येत्यर्थः ॥

आत्मविद्याशिवाख्यतत्त्वत्रयविभागेन च कारणानां विश्वाधिष्ठितत्वमाह

तत्त्वत्रयविभागेन
पुनर्वक्ष्यामि सुव्रते ॥ ४८ ॥

कारणव्याप्तिमिति शेषः ॥ ४८ ॥

तत्र

आत्मतत्त्वे तु वै ब्रह्मा
मायान्ते च व्यवस्थितः ।
विद्यातत्त्वे तथा विष्णु-
र्यावत्सादाख्यगोचरम् ॥ ४९ ॥
शिवतत्त्वे तथा रुद्रो
विज्ञेयस्तु वरानने ।
सादाख्यमूर्ध्वमध्वानं
सर्वं व्याप्य व्यवस्थितः ॥५०॥

सादाख्यगोचरमिति सदाशिवतत्त्वम् । सर्वमिति शिवतत्त्वान्त एव ब्रह्मविष्णुरुद्रान्ता ब्रह्मणो व्याप्तिः, ईश्वरसदाशिवान्ता विष्णोः, शिवरूपा रुद्रस्येति कारणपञ्चकस्यापि अनया भङ्गया अभेद एव दर्शितः ॥ ५० ॥

न केवलं कारणपञ्चकमेतावत्कारणत्रयव्याप्तिसतत्त्वं, यावत्कारणत्रयमपि पारमेश्वरीज्यादिशक्तित्रयपरमार्थमित्याह

रौद्र्या अधिष्ठितात्मा वै
स रुद्रः परिकीर्तितः ।

व्याप्तश्च वामया विष्णु-
ज्येष्ठया च पितामहः ॥ ५१ ॥

समस्तरुद्द्रावणात् विश्ववमनादभेदप्राधा-न्यप्राशस्त्यप्रकर्षाच्च रौद्रीवामाज्येष्ठाख्याः याः शक्तयस्तासामधिष्ठाने क्रमव्यतिक्रमः परमार्थाद्व्यक्रमवस्तुतत्त्वप्रदर्शनाय ॥ ५१ ॥

किंच

ज्ञानशक्तिः स्मृतो ब्रह्मा
क्रियाशक्तिर्जनार्दनः ।
इच्छाशक्तिः परो रुद्रः

परशब्दस्त्रिष्वपि संबध्यते । अत्रापि क्रमान्यथात्वे प्रोक्त एव आशयः ॥

यश्च अयं परो रुद्रः

स शिवः परिगीयते ॥ ५२ ॥
विष्णुः सदाशिवो देवो
ब्रह्मा चैवेश्वरस्तथा ।

एवं शक्तित्रयेण अपरं कारणत्रयमिव तद्व्यापकं परमपि कारणत्रयमधिष्ठितमित्युक्तं भवति ॥

तदित्थमुपायोपेयाद्यैकात्म्योक्त्या कारणगताधिष्ठात्रधिष्ठेयमुखेन समस्ताध्वव्याप्त्या मूर्त्यष्टकाधिष्ठितयुक्त्या वाचकमुखेन तज्ज्ञानदृष्ट्या तद्वाच्यषट्त्रिंशत्पञ्चत्रिंशत्तत्त्वभेदोक्तिद्वारेण शक्तित्रयाधिष्ठाननिरूपणक्रमेण च परभैरवाद्वयमयं जगदिति व्याप्यव्यापकसतत्त्वप्रदर्शनेन परमौपनिषदिकमर्थं प्रपञ्चप्रक्रान्तजगत्स्रष्ट्यपेक्षं कार्यकारणविभागवैचित्र्यमेव अनुबध्नाति

सदाशिवः शिवाद्देवि
उत्पन्नः प्रभुरीश्वरः ॥ ५३ ॥

यद्यपि

'बिन्दोः सदाशिवो ज्ञेयः············ ।'(११।१०)

इति प्रागुपक्षिप्तं, तथापि प्रतिपादितव्याप्यव्यापकभावपरमार्थदृशा बिन्दुपर्यन्ते प्रसृतस्य शिवभट्टारक एव प्रपञ्चव्याप्त्या सदाशिव ईश्वरश्च प्रभुः संपन्न इति अत्र तात्पर्यम् ॥५३॥

तस्माद्विद्या ततो माया

तत इति विद्यातत्त्वात् । एषां च तत्त्वानामुत्पत्तिक्रमे युक्तिः पूर्वमेव दर्शिता ॥

किंच

विद्यायाः पुनरीश्वरः ।
ज्ञानशक्तिकराग्रेण
स्वेच्छया परमेश्वरः ॥ ५४ ॥
सप्त कोटीस्तु मन्त्राणां
सृजेज्ज्ञानक्रियात्मिकाः ।

'अष्टवर्गविभिन्ना तु विद्या सा मातृका परा ।'(१०।११४४) इति पूर्वमुक्तस्वरूपाया विद्यायाः सकाशात् परमेश्वर इति परमशिवस्वरूप ईश्वरभट्टारकः स्वेच्छामात्रेण अनुग्रहाख्यकृत्यप्रपञ्चनार्थं ज्ञानशक्तिरेव कराग्रं तेन सप्त कोटीर्मन्त्राणां मननत्राणसतत्त्वानां सृजति। ज्ञानशक्तिकरणत्वात् सृज्यमानत्वाच्च एताः कारणानुगुण्येन ज्ञानक्रियात्मिका इति पूर्णज्ञानक्रियासतत्त्वा भोगमोक्षप्रदाः॥

परमेश्वर इति विशेषणेन ईश्वरस्य परमशिवरूपत्वमुक्तं यतस्तत एव तत्स्रष्टानां मन्त्राणामणुशक्तिशंभुपक्षतया सर्वत्रैव अनुग्रहार्थमवस्थितत्वमस्तीत्याह

ते च सादाख्यपर्यन्ते
पार्थिवाद्ये तु सुव्रते ॥ ५५ ॥

अनुग्रहं प्रकुर्वन्ति
देहिनां भुवने स्थिताः ।

पृथ्व्याद्यनाश्रितान्ते यानि भुवनानि तेषु स्थिताः सन्तो देहिनां भोगमोक्षरूपमनुग्रहं प्रकर्षेण अनवरतं कुर्वन्ति ॥

एते च

शिवशक्तिसमाविष्टा-
स्त्रिनेत्राश्चन्द्रमौलयः ॥ ५६ ॥

शिवशक्तिसमाविष्टत्वादेव एषामनुग्रहकर्तृत्वम् ॥ ५६ ॥

युक्तं च एतद्यतः

रुद्रमूर्तिभिरेकोऽसौ
शिवः परमकारणम् ।
जगद्व्याप्य स्थितो मायी
शूलपाणिरनेकधा ॥ ५७ ॥

रुद्राः सर्वरुद्राविणो मन्त्राः । एकोऽपि अनेकधा रुद्रमूर्तिभिर्जगद्व्याप्य स्थित इत्यत्र विशेषणद्वारको हेतुर्मायीति । स्वरूपगोपनारूपया महामायाशक्त्या हि असौ अनुग्रहा-

स्व्यकृत्यनिर्वाहाय नानारुद्रमूर्तिभिः स्फुरितः । मायाशक्त्यैव वक्ष्यमाणजगद्रूपतया परमेश्वरः स्वाभासस्वच्छस्वच्छन्दचिदानन्दसुन्दरः स्वस्वातन्त्र्यात् दर्पणनगरवत् स्वानधिकेनापि अधिकेनेव केन नाम रूपेण न भवतीत्युक्तमसकृत्, अतो यत् श्रीसद्योज्योतिषा उक्तम्

'एकः शिवोऽविकारी तच्छक्तिश्चाप्यतो न तौ योग्यौ ।
बहुधा स्थातुं यद्वा चैतन्यविनाकृतौ विकारित्वात् ॥'(त०४५)

इति, तत् प्रोक्तश्रुतियुक्तिभ्यां बाधितत्वादपर्यालोचिताद्वयवादसतत्त्वमित्युपेक्ष्यमेव ॥ ५७ ॥

किंच अयमाश्रितानन्तभट्टारकमूर्तिः

ज्ञानशक्त्या पुनश्चैव
समालोक्य वरानने ।
इच्छाशक्त्या समाविष्टः
क्रियाशक्त्या तु सुव्रते ॥५८॥
मायातत्त्वं जगद्बीजं
नित्यं विभुतयाव्ययम् ।
तत्स्थं कृत्वात्मवर्गं तु
युगपत्क्षोभयेत्प्रभुः ॥ ५९ ॥

जगतः कलादिक्षित्यन्तस्य विश्वस्य यद्वीजं कारणं मायातत्त्वं नित्यमिति तच्छक्तेरनिदं-प्रथमिकतया प्रवृत्तत्वात्, अत एव च अव्ययं, नतु तत्त्वात्मतया तन्नित्यमविनाशि च भवति 'ततो माया' इत्युक्तत्वात् तत्संहारस्य प्रतिपाद-यिष्यमाणत्वात्; एवंभूतं यत् मायातत्त्वं त-त्स्थमिति तद्वशाद्गोपितज्ञानक्रियारूपमात्मवर्गं कृत्वेति स्वभित्तावाभास्य, पुनश्च तं तथाविधं ज्ञानशक्त्या समालोक्य युगपदक्रममेव क्षोभ-येदिति सर्वकर्तृत्वसर्वज्ञत्वनैराकांक्ष्याकालक-लितत्वसार्वात्म्यरूपाद्धर्मात् अपरामर्शनमय-किञ्चित्कर्तृत्वकिंचिज्ज्ञत्वसाकांक्षत्वकालकलि-तत्वनियतोत्थापककलाविद्यारागकालनियत्या-त्मककञ्चुककलनापुरःसरं प्रधानकारणकार्य-परवशं संपादयति परमेश्वरः । कीदृगसावि-त्याह इच्छाशक्त्या क्रियाशक्त्या च समाविष्टः

'एवंभूतमिदं वस्तु भवत्विति यदा पुनः ।
जाता तदैव तत्तद्वत्कुर्वत्यत्र क्रियोच्यते ॥' (८।१५)

इति श्रीमालिनीविजयनिर्दिष्टनीत्या इच्छामा-त्रानन्तरमेव क्रियाशक्त्या आभासयतीत्यर्थः ५९

युगपत्क्षोभयेदित्युक्तिं दृष्टान्तेन परिघटयति

हेलादण्डाहतायाश्च
बदर्या वा फलानि तु ।
तिर्यगूर्ध्वमधस्ताच्च
निर्गच्छन्ति समासतः ॥६०॥

वाशब्द इवार्थे । बदर्या इव फलानि मायाथा आत्मानः समनन्तरवक्ष्यमाणतिर्यगूर्ध्वाधरभूमीर्गच्छन्ति ॥ ६० ॥

तत्र

मुक्तेस्तु भाजनं येऽत्र
अनुध्याताः शिवेन तु ।
ऊर्ध्वं गच्छन्ति ते सर्वे
शिवं परमनिर्मलम् ॥ ६१ ॥

अनुध्याता इति कृतशक्तिपाताः । यदुक्तं श्रीश्रीकण्ठ्यां

'यया विना न सर्वज्ञः शिवः सा शक्तिरैश्वरी ।
या सा शिवप्रयुक्ता तु पशूनां मोक्षयेत्ततः ॥
पतेद्दीक्षानुसन्धाने दीक्षा ज्ञानादिलक्षणा ।'

इति । ऊर्ध्वमिति शिवैक्यप्राप्तिरेव एषामूर्ध्वगतिरित्यर्थः ॥ ६१ ॥

तथा

विद्याया भाजनं तिर्यङ्-
मन्त्ररूपा भवन्ति वै ।

तदुक्तमन्यत्र

'विद्याविद्येशत्वं त्वपरा मुक्तिः…… ।' (त० ५१)

इति ॥

किंच

संसारभाजनं ये तु
मलकर्मकलान्विताः ॥ ६२ ॥
अधस्तात्ते व्रजन्त्यत्र
घोरेऽध्वन्यतिदारुणे ।

मल अख्यात्यात्मक आणवः, शुभादिवासनात्मकं कर्म, कलादिकं तु मायीयम् । घोरे भेदमये । अतिदारुणे दुःखबहुले ॥ ६२ ॥

एवं प्रसङ्गात् मन्त्राणां बद्धमुक्तानां च स्वरूपं प्रतिपाद्य प्रकृतामेव तात्त्वीं सृष्टिं दर्शयति

तस्मात्कला समुत्पन्ना
विद्या रागस्तथैव च ॥ ६३ ॥
कालो नियतितत्त्वं च
पुंस्तत्त्वं प्रकृतिस्तथा ।

केवलमेतदुच्यते कञ्चुकपञ्चकवलिताः पुमांसो भोक्तारः, भोग्यसामान्यरूपा च प्रकृतिः युगपदेव मायातः संभूता भोक्तृभोग्ययोः परस्परापेक्षित्वात्, अतोऽत्र कलादीनां युगपदेव तस्मादिति मायातत्त्वादुद्भव उक्तः। श्रीमालिनीविजये तु कलातो विद्यादिचतुष्टयं प्रकृतिश्च, श्रीरौरवादौ तु कला रागविद्ये प्रसूय, अव्यक्तं जनितवतीत्यादिरागमेषु यः क्रम उक्तः, तथा क्वचित्कञ्चुकानां चतुष्टयं क्वचित्त्रयमिति संख्यान्यथाभावोऽपि दृश्यते, न तत्र भ्रमितव्यम्।

'कदलीगर्भदलवन्मोदकादिरसादिवत्।
कदम्बगोलवच्चित्राः कञ्चुकाश्चित्रसंविदः॥'

इति श्रीत्रिकसारनिरूपितनीत्या कश्चिद्रज्यन्वेत्ति कश्चिच्च विदन्रज्यतीत्यादिः पुंसां विचित्रप्रतीतिक्रमानुसारी कञ्चुकक्रमः अन्यथा अन्यथा

च संभाव्यते प्रतिपुं कलादितत्त्वक्रमस्योक्तत्वा-
दिति तदनुसारं तत्तच्छास्त्रावतारकैस्तथा तथा
क्रमभेदमात्रप्रतिपादनमेतत् कृतमन्तर्भावान-
न्तर्भावाच्च संख्याभेदोऽपि दर्शितः। वस्तुतश्च
किंचित्करोमीत्यादिप्रतीतिपञ्चकाक्षिप्ततत्त्वपञ्च-
कञ्चुकवलिताः पुमांसो भोक्तारः, किञ्चिदं-
शात्मा भोग्यसामान्यरूपा प्रकृतिर्मायातो
युगपदेव उद्भूता इति एतत्तत्रोक्तमेव ज्यायः
प्रतिभाति ॥

अथ

सत्त्वं रजस्तमश्चैव
प्रकृतेस्तु गुणास्त्रयः ॥ ६४ ॥

त्रिरूपं गुणतत्त्वं जातमित्यर्थः ॥ ६४ ॥

एतत् व्यापारभेदेन विभजति

सत्त्वं प्रकाशजनकं
प्रवृत्तिजनकं रजः ।
तमोऽवष्टम्भकं प्रोक्तं
विज्ञेयं तु गुणत्रयम् ॥ ६५ ॥

अवष्टम्भकमावारकम् । अत्र सर्वत्र उपपत्तिः प्रागेव दर्शिता ॥ ६५ ॥

गुणत्रये अधिष्ठातृदेवता आह

सत्त्वं ब्रह्मा रजो विष्णु-
स्तमो रुद्रः प्रकीर्तितः ।

सामानाधिकरण्योक्त्या अधिष्ठात्रभेद एव आदिष्टः । अधिष्ठातारोऽपि व्यापारभेदात् त्रयः, वस्तुतस्तु एक एव परमेश्वरस्तत्तद्व्यापार इति ॥

पूर्वोपक्रान्तमेव अर्थं भावप्रत्ययभङ्ग्या प्रथयति

ब्रह्मत्वे सृजते लोका-
न्विष्णुत्वे स्थितिकारकः ॥६६॥
रुद्रत्वे संहरेत्सर्वं
जगदेतच्चराचरम् ।

एतदनुसारतश्च

जाग्रत्स्वप्नसुषुप्तं च
तिस्रोऽवस्थाश्च तद्गताः ॥६७॥

तद्गता इति सत्त्वादिगुणवशोत्थिता इत्यर्थः ॥

अथ

गुणेभ्यो धिषणा जाता

धिषणा बुद्धिः ॥

सा च

भावभेदैः समन्विता ।

भावा धर्मादयः, भेदाश्च अहङ्कारेन्द्रियादयो वक्ष्यमाणाः ॥

किंच

ब्रह्मा तत्राधिपत्येन
बुद्धितत्त्वे व्यवस्थितः ॥ ६८ ॥

सर्वज्ञं च तमेवाहु-
र्बौद्धानां परमं पदम् ।

तमेव ब्रह्माणं सर्वज्ञं, नतु सर्वकर्तारं बौद्धानां परमं पदं मोक्षधाम आगमिकाः कथयन्ति। सर्वं एव तदेवाहुरिति पाठः सर्वं एव आगमिका बुद्धितत्त्वं बौद्धानां परमं पदमाहुरिति व्याकार्यः ॥

एवमुत्पत्तिप्रतिपादनप्रसङ्गेन बुद्धिवृत्त्यात्मकहर्षविषादादिरूपक्षणिकज्ञानसन्ततिभावना-

निष्ठानां बौद्धानां बुद्धितत्त्वप्राप्तिरेव मोक्ष इति प्रतिपाद्य, वाद्यन्तराभिमतप्राप्यपदरूपान्मोक्षाभासान्प्रदर्श्य शैवानां सर्वोत्तमसत्यमोक्षभाजनत्वमिति स्फुटयति । यदुक्तं पुरस्तात्

'इत्येवंवादिनां तेषां वादानां तु शतत्रयम् ।
त्रिषष्टिरधिकाश्चान्ये वादिनां भ्रान्तचेतसाम् ॥
अज्ञानतिमिरान्धानामुन्मीलनकृदुत्तमम् ।' (१०।६८१)

इत्यादि । तत्र

गुणेष्वारहतानां च

परमं पदमिति संबन्धः, एवमुत्तरत्र । आर्हता हि लोकपञ्जरस्थानीयशोकमोहाद्यावरणस्य तप्तशिलारोहादितपोवशात् प्रशमे सुखसंविदात्मकपुद्गलोन्मज्जनान्मुक्तिमाहुः, सुखं च सत्त्वगुणरूपमिति गुणेषु स्थिताः ॥

प्रधानं वेदवादिनाम् ॥ ६९ ॥

ते हि

'अजामेकां लोहितशुक्लकृष्णां बह्वीः प्रजाः सृजमानां सरूपाः ।
अजो ह्येको जुषमाणोऽनुशेते जहात्येनां भुक्तभोगामजोऽन्यः ॥'
(श्वे० ४।५)

इत्यादि वदन्तः प्रायः प्रकृतिमेव परं पदमित्याहुः । तदुक्तं गीतासु

'त्रैगुण्यविषया वेदा.........।' (भ० गी० २।४५)

इति ॥ ६९ ॥

पौरुषं चैव सांख्यानां
सुखदुःखादिवर्जितम् ।

तेषां हि सुखदुःखाद्यात्मकप्रकृतिविविक्तचितिशक्तिमात्ररूपस्वरूपावाप्तिर्मोक्षः ॥

षड्विंशकं च देवेशि
योगशास्त्रे परं पदम् ॥ ७० ॥

षड्विंशमेव षड्विंशकम् । यद्यपि

'तदा द्रष्टुः स्वरूपेऽवस्थानम्'(यो० सू० १।३)

इत्युक्त्या विविक्तपुंरूपतावाप्तिर्योगस्यैर्मोक्ष उक्तः, तथापि

'क्लेशकर्मविपाकाशयैरपरामृष्टः पुरुषविशेष ईश्वरः ।'
(यो० सू० १।२४)

इत्येतत्सूत्रभाष्ये भगवता व्यासमुनिना प्राग्बन्धकोटिवद्भ्यो मुक्तपुरुषेभ्योऽपि ईश्वरस्य नित्यनिर्मुक्तत्वनित्यैश्वर्ययोगरूपो विशेषो द-

र्शित इति पञ्चविंशसंख्यकमुपेक्ष्य, तदनुग्रहकारि षड्विंशकमीश्वररूपं परमं पदं योगशास्त्रे दर्शितम् ॥ ७० ॥

व्रते पाशुपते प्रोक्त-
मैश्वरं परमं पदम् ।

'लाकुलं मौसुलं चैव द्विधा तन्त्रं प्रकीर्तितम् ।'

इति द्विधा यत्पाशुपतं, ततो मौसुलस्य निर्णेष्यमाणत्वात् लकुलेशप्रतिपादितमेव इह पाशुपतव्रतमुच्यते । तत्र च ईश्वरतत्त्वावाप्तिरेव परमं पदम् । पूर्वमेव

'व्रतं पाशुपतं दिव्यं ये चरन्ति जितेन्द्रियाः ।
भस्मनिष्ठा जपध्यानात्ते व्रजन्त्यैश्वरं पदम् ॥' (१०।११७०)

इत्युक्तम् ॥

पाशुपतभेद एव तु क्रियाप्रधाने
मौसुले कारुके चैव
मायातत्त्वं प्रकीर्तितम् ॥७१॥

श्रीलकुलेशशिष्येण मुसुलेन्द्रेण कारोहणस्थानावतीर्णेन च अपरेण मायातत्त्वगतक्षेमेशब्रह्मस्वामिप्राप्तिहेतुक्रियाबहुलाः स्वे स्वे शास्त्रे

व्रतविशेषा उक्ता इति मायातत्त्वमेव तत्र परमं पदम् ॥ ७१ ॥

तथाच मायातत्त्वनिविष्टः

क्षेमेशो ब्रह्मणः स्वामी
तेषां तत्परमं पदम् ।

यथासंख्येन ॥

येऽपि वैमलाख्याः पाशुपतभेदाः, तथा पञ्चार्थप्रमाणाष्टकोक्तोपासापराः परे, तेषामीश्वरतत्त्वगततेजेशध्रुवेशौ परं पदमित्याह

तेजेशो वैमलानां च
प्रमाणे च ध्रुवं पदम् ॥ ७२ ॥

वैमलप्रमाणशास्त्रनिष्ठो हि
दीक्षाज्ञानविशुद्धात्मा
देहान्तं याव चर्यया ।
कपालव्रतमास्थाय
स्वं स्वं गच्छति तत्पदम् ॥७३॥

दीक्षाज्ञानविशुद्धात्मेतिपदेन प्रोक्तक्रियाप्रधानव्रतमात्रनिष्ठमौसुलकारुकेभ्योऽत्र विशेषो दर्शितः । स्वं स्वं प्रोक्ततेजेशध्रुवेशरूपम् । यदुक्तं पुरस्तात्

'तेजेशश्च ध्रुवेशश्च प्रमाणानां परं पदम् ।' (१०।११७४)

इति ॥ ७३ ॥

ये तु कपालाद्यस्थिव्रतधारिणः पूर्वोक्तला-कुलाम्नायात्

'भस्मनि शयीत'

इत्यादिपाशुपतशास्त्रचोदनातः

जपभस्मक्रियानिष्ठा-
स्ते व्रजन्त्यैश्वरं पदम् ।

अत्र मध्ये मौसुलादिविषयां मायातत्त्वाव-स्थितिमुल्लङ्घ्य

'व्रते पाशुपते प्रोक्तमैश्वरं परमं पदम् ।' (११।७१)

इति यत् व्युत्क्रमेण उक्तं, तन्मौसुलादीनां पाशुपतभेदप्रदर्शनाय ॥

तदेवमा बौद्धेभ्यो लाकुलान्तास्तत्त्वाध्वभोगभाजो, नतु मुक्ताः । ये तु षट्स्रोतोभेद-भिन्नं शैवशास्त्रमास्थिताः, तेषां

सर्वाध्वनो विनिष्क्रान्तं
शैवानां तु परं पदम् ॥७४॥

उक्तं च अन्यत्र

'वेदादिभ्यः परं शैवं············ ।'

इति । यत्तु

'............शैवाद्वामं तु दक्षिणम् ।
दक्षिणात्परतः कौलं कौलात्परतरं नहि ॥'

इत्युच्यते, तत् शिवप्रोक्तशास्त्राणामवान्तरवैचित्र्यप्रतिपादनाभिप्रायेणैव । शैवाद्वाममित्यत्र हि शैवशब्देन अनुत्तीर्णशिवपदप्रापकं कैरणादि सिद्धान्तशास्त्रमुच्यते ॥ ७४ ॥

तदेवं प्रासङ्गिकमेतन्निर्णीय प्रकृतमाह

बुद्धितत्त्वादहङ्कारः
पुनर्जातस्त्रिधा प्रिये ।
सात्त्विको राजसश्चैव
तामसश्च प्रकीर्तितः ॥ ७५ ॥

पारिभाषिकसंज्ञाभेदस्तु प्रातिलोम्यक्रमेण

भूतादिर्वैकृतश्चैव
तैजसश्च त्रिधा स्थितः ।

तत्र

तन्मात्राण्यथ भूतादे-
स्तेभ्यो भूतान्यजीजनत् ॥७६॥

परमेश्वर इति शेषः । भूतानां स्थूलसूक्ष्माणामादिः कारणमिति व्युत्पत्तितोऽपि भूतादिः ॥

तन्मात्राणि आह

शब्दः स्पर्शश्च रूपं च
रसो गन्धश्च पञ्चमः ।
एतानि पञ्च ख्यातानि
तन्मात्राणि

एषां मध्ये

क्रमेण तु ॥७७॥

शब्दाद्व्योम समुत्पन्नं
स्पर्शाद्वायुस्तथा पुनः ।
रूपात्तेजः समुत्पन्न-
मापो जाता रसात्पुनः ॥७८॥
गन्धात्तु पृथिवी जाता

स्पर्शादयो यथोत्तरं पूर्वपूर्वतन्मात्रसहितवाय्वादीनां द्व्यादिगुणानां कारणमिति समानतन्त्रादनुसर्तव्यम् ॥

तदेतत् तन्मात्रभूतजन्म

समासात्कथितं तव ।

किंच

कर्मेन्द्रियाणि जातानि
तस्माद्वैकारिकादथ ॥ ७९ ॥

विकारोऽन्यान्यरूपतात्मकं चाञ्चल्यं प्रयो-
जनं यस्य तद्वैकारिकं राजसमिह विवक्षितम् ।
अथेति पादपूरणाय ॥ ७९ ॥

कानि तानीत्याह

वाक्पाणिपादं पायुश्च
उपस्थश्चेति पञ्चमम् ।

तथा

बुद्धीन्द्रियाणि पञ्चैव
तैजसात्तु भवन्त्यथ ॥ ८० ॥

अथेति प्राग्वत् । तेजः प्रकाशः प्रयोजनं
यस्य, तत् तैजसं सात्त्विकमिह अभिप्रेतम् ॥

तानि आह

श्रोत्रं त्वक्चक्षुषी जिह्वा
नासिका चैव पञ्चमी ।

चाञ्चल्यात् सर्वविषयप्रकाशकत्वाच्च

८

उभयात्म मनः प्रोक्तं
व्याप्तृ सर्वेन्द्रियाणि तु ॥८१॥

व्याप्तृ इति तृन् प्रत्ययः, अत एव सर्वेन्द्रियाणीत्यत्र षष्ठ्यभावः । श्रीपूर्वशास्त्रे तु

'.........तैजसात्तस्मान्मनोऽक्षेशमजायत ।
वैकारिकात्ततोऽक्षाणि..............॥' (१।३१)

इति प्रक्रियाभेदमात्रमस्ति ॥ ८१ ॥

तदेवंप्रतिपादितोत्पादक्रमाणि सर्वाणि एतानि तत्त्वानि

आत्मोपकारकाण्येव
कथितानि यथार्थतः ।

वक्ष्यमाणविभागस्य आत्मनो लौकिकालौकिकभोगतत्साधनतदाश्रयादिदानेन यथार्थेन निजनिजानुरूपप्रयोजनसंपादनेन एतानि उपकारकाण्येव ॥

अतश्च एतत्कृतविचित्रोपस्कार आत्मा विचित्ररूप इत्याह

आत्मा चैवान्तरात्मा च
बाह्यात्मा चैव सुन्दरि ॥८२॥

निरात्मा परमात्मैता-
न्कथयामि समासतः ।

यथा

अबुधश्च बुधश्चैव
बुध्यमानस्तथैव च ॥ ८३ ॥
प्रबुद्धः सुप्रबुद्धश्च
पुनश्च कथयामि ते ।

एतानित्येव ॥

तत्र

प्रधानसाम्यमाश्रित्य
सुखदुःखविवर्जितः ॥ ८४ ॥
यदा तस्मिन्स्थितो देवि
तदात्मा तु स उच्यते ।

प्रधानस्य प्रकृतिरूपस्य यत् साम्यं गुणानामन्योन्याभिभवाद्यभावात् सामरस्येन अवस्थानं, तदाश्रित्य । तस्मिन्निति प्रधान एव । सुखादिरहितः प्रकृतिलीनत्वाद्व्यामूढः । यद्वक्ष्यति

'गुणसाम्यमनिर्देश्यमप्रतर्क्यमनौपमम् ।
तस्मिञ्जगदशेषं तु प्रसुप्तमिव तिष्ठति ॥' (११।२८३)

इति । एवमेष कञ्चुकमात्रशरीरः प्रकृतिलीन आत्मेत्युक्तः ॥

अयमेव च

पुर्यष्टकसमायोगा-
त्पर्यटेत्सर्वयोनिषु ॥ ८५ ॥
अन्तरात्मा स विज्ञेयो
निबद्धस्तु शुभाशुभैः ।

आन्तरसूक्ष्मशरीरात्मकपुर्यारम्भकतन्मात्रपञ्चकमनोबुद्ध्यहंकारात्मकं पुर्यष्टकं, तत्संबन्धाद्वासनारूपैः शुभाशुभैः निबद्धः सन् योनेर्योन्यन्तरं प्रसरन्नात्मबाह्यात्मनोरन्तर्मध्ये अवस्थितत्वादन्तरात्मा ज्ञेयः ॥

एष एव तु

बुद्धिकर्मेन्द्रियैर्युक्तो
महाभूतैः समावृतः ॥ ८६ ॥
बाह्यात्मा तु तदा देवि
भुङ्क्तेऽसौ विषयान्सदा ।

स्थूलदेहवानिति यावत् ॥

यदा तु अयं

भूतभावविनिर्मुक्त-
स्तत्त्वधर्मकलोज्झितः ॥ ८७ ॥
मलधर्मैकयुक्तात्मा
मायाधर्मतिरस्कृतः ।
निरात्मा तु तदा ज्ञेयः

भूतैः स्थूलसूक्ष्मैः भावैश्च बुद्धिधर्मैर्विनिर्मुक्तः, तत्त्वधर्मेण पुंस्तत्त्वात्मना रूपेण कलोपलक्षितेन च कञ्चुकेन उज्झितः, केवलं मलधर्मेणैव एकेन अपूर्णंमन्यतात्मकाणवमलस्वभावेन युक्तः संकुचितस्वभावः, यतो मायायाः पूर्वोक्तशक्तिरूपायाः, नतु तत्त्वात्मनः, धर्मेण अख्यात्यात्मना रूपेण तिरस्कृतः संकुचिताभासीकृतः, एवंभूतो निरात्मा आत्मनः पूर्वोक्तपाशशतवलितात् पुंस्तत्त्वलक्षणात् स्वभावात् निष्क्रान्तः परमेशशास्त्रदृशा अभ्यस्तमायापुंस्तत्त्वविवेकज्ञानो विज्ञानाकल इत्यर्थः । यदुक्तं श्रीपूर्वे

'............तत्र विज्ञानकेवलः ।
मलैकयुक्तः.........................॥' (१।२३)

इति । मलकर्मैकयुक्तात्मेति अपपाठः ॥

यदा तीव्रतमानुग्रहात्पूर्णतया स्फुरत्ययं, तदा

परमात्माथ कथ्यते ॥ ८८ ॥

न तु पूर्ववत्पशुरूपः ॥ ८८ ॥

यतः

मलकर्मकलाद्यैस्तु
निर्मुक्तश्च यदा प्रिये ।
सर्वाध्वसमतीतश्च
मायामोहोज्झितश्च यः ॥८९॥
निर्मलत्वं यदा याति
पदं परममव्ययम् ।
परमात्मा तदा देवि
प्रोच्यते प्रभुरव्ययः ॥ ९० ॥

यत एव आणवादिमलत्रयेण निःशेषेण संसारपर्यन्तेन रूपेण मुक्तः, अत एव सर्वं समनान्तमध्वानं सम्यक् तेषां विलापनयुक्त्या अतीतो न क्वापि अध्वनि गृहीतात्माभिमानः, अतश्च मायामोहेनेति

'कर्मरूपा स्थिता माया यदधः शक्तिकुण्डली ।'
(१०।१२६३)

इति पूर्वमुक्ता या माया, तत्कृतेन मोहेन सुसूक्ष्मेणापि महामायासंकोचेन उज्झितो रहितः, इत्थंभूतः सन् यदा परमं पदं परमशिवैक्यरूपं निर्मलत्वमायाति, तदा असावव्ययोऽविनाशी प्रभुः सर्वत्र स्वामी परमात्मेत्युच्यते ॥

अथ अबुधादिभेदान् व्याकर्तुमुपक्रमते

अबुधं च पुनर्देवि
कथयामि समासतः ।

तथाच

तत्त्वभूतात्मसंहारे
कलाक्षित्यन्तगोचरे ॥ ९१ ॥
मायासाम्यनिशायां वै
संहृत्य परमेश्वरः ।
निर्व्यापारो भवेत्ताव-
द्यावद्वै नोदयः पुनः ॥ ९२ ॥

'अबुधस्तिष्ठते तत्र............'

इति वक्ष्यमाणेन संबन्धः । कलादिक्षित्यन्तं यानि तत्त्वानि त्रिंशत्, तेषां तदाश्रयाणां च

स्थावरादिब्रह्मान्तानां चतुर्दशानां भूतानां य आत्मा स्वभावः, तस्य संहारे प्रवृत्तः परमेश्वरो मायायाः साम्यं समस्तविकृतिप्रशमात्मकं तदेव विश्वप्रस्वापात् निशा तस्यां मायीयमशेषमध्वप्रपञ्चमनन्तभट्टारकमुखं संहृत्य निर्व्यापारो भेदसृष्ट्यनुन्मुखस्तावद्भवति, यावत् वक्ष्यमाणमायानिशाकालप्रशमात्मा नोदय इति, यावन्नायं सुखप्रवृत्तः । तत्प्रवृत्तौ हि स पुनरन्तर्मुखेन जगत्सृजन्सव्यापार एव भवति ॥१२॥

अस्मिंश्च समये

सुखदुःखाद्यभावश्च
ह्यात्मवर्गस्य कर्मणः ।

कर्मणः कार्यस्य, कलादिक्षित्यन्तदेहयोगेन उल्लास्यस्य आत्मवर्गस्य सर्वस्य जीवजातस्य सुखदुःखशरीराद्यभावो भवति गाढमूढत्वं संपद्यत इत्यर्थः ॥

तदा हि असौ आत्मवर्गः

मलनिद्राविमूढात्मा
रुद्धचैतन्यदृक्क्रियः ॥ १३ ॥

न विजानाति शब्दादी-
नात्मानं च वरानने ।
कारणं न विजानाति
नच स्थानं स्वकं प्रिये ॥ ९४ ॥
सर्वमेतन्न जानाति
यतो लुप्ताक्षदृक्क्रियः ।
अबुधस्तिष्ठते तत्र
यावन्मायाअहर्मुखम् ॥ ९५ ॥

मलेन अख्यात्यात्मना जनितया निद्रया स्वापेन विशेषेण मूढो जाड्यं प्रापित आत्मा, यतश्च रुद्धे चैतन्यात्मिके पूर्णे दृक्क्रिये यस्य, यतश्च संहारवशात् लुप्ते अक्षसंबन्धिन्यौ दृक्क्रिये यस्य तथाभूतोऽयम्, अत एव न विजानाति शब्दादीन् आत्मानं च ग्राहकस्वरूपम्, ईदृगह-मिति अन्तःकरणेनापि निश्चिनुते न। कारणं च परमेशमीदृशव्यामोहादिदशोत्थापकं स्वं च मा-यात्मकं स्थानमाश्रयं न जानाति। एतत्सर्वं यतो न जानाति ततोऽयमबुध्यमानत्वादबुधः। तत्रेति मायायां तावदास्ते यावन्मायीयमहर्मुखम् ।

मायाअहर्मुखमिति सन्ध्यभावश्छान्दसः। यतः-शब्दापेक्षं तत इति अध्याहार्यम्। तदयमित्थं मायालीनः प्रलयाकलोऽबुध इत्युक्तः। यस्तु पूर्वं

'प्रधानसाम्यमाश्रित्य………………… ।' (११।८४)

इति ग्रन्थेन आत्मा उक्तः, स प्रकृतिलीन इति विशेषः ॥ ९५ ॥

तदित्थम्

अबुधस्तु समाख्यातः

अथ

बुधं चैव निबोध मे ।

तत्र

परिपाकगते कर्म-
णीश्वरेच्छाकरोद्धृते ॥ ९६ ॥
प्रकाशं नायनं यद्व-
दनुगृह्णाति भास्करः ।
करणान्यनुगृह्णाति
तद्वदीश्वर आत्मनाम् ॥ ९७ ॥

आत्मनामनेककर्ममध्यात् कस्मिंश्चित्कर्मणि उद्रेकवशात् परिपाकगते फलदानयोग्ये अस्य

अणोः अस्मात्कर्मण ईदृक् फलमस्तु इतीदृ-
गीशस्य अनन्तमूर्तेर्भगवतो या इच्छा, सैव
करस्तेन उद्धृते अनन्तकर्मसन्ततिमध्यात् नि-
ष्कृष्य तं तमात्मानं प्रति भोगाय योजिते सति,
तेषामेव आत्मनां कलादीनि करणानि अनुगृह्णा-
ति उन्मीलयति, येन ते आत्मानः किंचित्क-
र्तृत्वादिप्रतीतिभाजो जायन्ते । अत्र दृष्टान्तो
यथा नायनं प्रकाशं भास्करोऽनुगृह्णाति । यथा
तदनुग्रहं विना नासौ भावान् प्रकाशयति,
एवमीश्वरानुन्मीलिताः कलादयो न किंचि-
त्कर्तृत्वादिप्रतीतिभाजः आत्मनः संपादयन्ती-
ति सर्वत्र ईश्वरेच्छैव भगवती भवति ॥९७॥

तदनुग्रहादेव हि आत्मा
कलोन्मीलितचैतन्यो
विद्यादर्शितगोचरः ।
एतत् पूर्वमेव व्याकृतम् ॥
किंच
रागोऽस्य रञ्जकत्वेन
विषयानन्दलक्षणः ॥ ९८॥

सामान्यविषयाभिष्वङ्गात्मा रागः अस्य पुंसो रञ्जकत्वेन स्थितः ॥ ९८ ॥

तथा

कालो वै कलयत्येनं
तुट्यादिप्रलयावधिः ।
नियतिर्निश्चितं नित्यं
योजयेच्च शुभाशुभे ॥ ९९ ॥

एतदपि प्रागेव निर्णीतम् ॥ ९९ ॥

संयोज्य च तत्फलमस्य
परमाणुसहस्रांशा-
न्न च न्यूनं न चाधिकम् ।
तदित्थं कलादिपञ्चकवेष्टितोऽयं
पुंभावं समनुप्राप्य
तत्त्वे च पुरुषाह्वये ॥१००॥

वर्तते इति शेषः ।

'आख्याह्वये विज्ञेयौ नामपर्यायनामनी ।'

इत्युक्तेः संज्ञायां रूढ आह्वयशब्दः । पुरुष इति आह्वयो यस्य तत् पुरुषाह्वयम् ॥ १०० ॥

पुरुषशब्दमक्षरसाम्येन निर्वक्ति

पुरं प्रधानमित्युक्तं
प्रपञ्चानेकसंकुलम् ।
तत्पुरं पोषयेद्यस्मा-
त्तस्माद्वै पुरुषः स्मृतः ॥१०१॥

बुद्ध्यादिक्षित्यन्तेन अनेकेन प्रपञ्चेन परिणामभूयस्त्वेन संकुलं व्याप्तं प्रधानं यस्मात् पोषयेत् आत्मप्रकाशाभिनिवेशनेन चेतनायमानं संपादयेत्, तस्मादयं पुरुष इत्युक्त इत्यर्थः। प्रपञ्चानेकेति पूर्वनिपातव्यत्ययश्छान्दसः १०१

तदित्थं प्रधानाशयमापन्नमिमं

यतः श्रीकण्ठनाथस्तु
नियत्या कर्मतः पशुम् ।
प्रधानपाशजालेन
वेष्टयेदसमञ्जसम् ॥ १०२॥

पशुमाणवपाशपाशितं कलादिकञ्चुकवलितं च पुरुषं प्रधानाशयमापन्नं प्रधानान्तेऽध्वनि अधिकृतः श्रीकण्ठनाथः प्रधानसंबन्धिना पाश-

जालेन नियतिवशोत्स्थितकर्मानुसारमसमञ्जसम् अनात्मनि अभिनिवेशनाय अननुरूपमेव वेष्टयेत् ॥ १०२ ॥

प्राधानिकपाशवेष्टनं स्पष्टयति

बद्धस्त्रिगुणबन्धेन
बुद्ध्या वैकारिकेण तु।
तन्मात्रेन्द्रियबन्धेन
दृढं भूतैश्च वेष्टितः ॥ १०३ ॥

पूर्वं सत्त्वादिगुणैर्वलितः, ततस्तत्परिणामक्रमादध्यवसायात्मना बुद्ध्या, ततोऽभिमानात्मकदुरतिक्रमणीयविकारप्रयोजनेन वैकारिकादिरूपेण अहंकारेण। वैकारिकेणेति उपलक्षणपरम्। ततोऽपि आहङ्कारिकेण तन्मात्रेन्द्रियवर्गेण, ततोऽपि तन्मात्रकार्यैराहारादिवशोत्थशुक्रशोणितक्रमप्रसृतैः स्थूलैर्भूतैर्दृढं गाढं कृत्वा अयं वेष्टितो बद्धः ॥ १०३ ॥

कीदृशोऽयं

बद्धः संचरति ह्येवं
मायाध्वनिगोचरे।

एवं बद्धो मायादिभूम्यन्ते संचरति योने-र्योन्यन्तरं श्रयति ॥

अतश्च

संसारी प्रोच्यते तस्मा-

त्संसरेद्यत्पुनः पुनः ॥१०४॥

एवमित्थंनिरुक्तस्य पुरुषस्य संसारिणः

शब्दादिविषया यस्मा-

द्विद्यन्ते विषयी ततः ।

एष एवेत्यर्थः ॥

अतश्च अयं

विषयाः परमित्याह

रूपादयो ये विषयाः, तदेव परं प्रकृष्टं वस्त्विति ब्रूते ॥

कीदृशा विषयाः

नानाभेदैर्विसर्पिताः ॥ १०५ ॥

नानाकर्मविपाकैश्च

नानाभेदैरिति उपलक्षिताः। विसर्पिता उप-संप्राप्ताः । नानाकर्मविपाकैः सुखदुःखादिभेदैः सहेत्यर्थः ॥

तदेतान्विषयानयं

भुङ्क्ते तद्भावभावितः ।

तेषां विषयाणां भावेन सत्तया भावितो वासितान्तःकरणः ॥

एवं भुङ्क्ते तु वै यस्मा-

त्तस्माद्भोक्ता स उच्यते ॥१०६॥

स इति विषयी ॥ १०६ ॥

किंच अयं

तस्मिंस्तज्ज्ञो वरारोहे

क्षेत्रे वै कार्षको यथा ।

तस्मिन्निति भूतपर्यन्ते क्षेत्रे । तज्ज्ञ इति क्षेत्रज्ञ उच्यते । कार्षको यथेति दृष्टान्तपक्षे क्षेत्रं केदारः ॥

दृष्टान्तं श्लेषच्छायया स्फुटयति

महाभिलाषमालोक्य

कृषेद्वै लोभलाङ्गलैः ॥ १०७ ॥

यथा कार्षकः कलुषजलरजोविश्रान्तिर्मा स्यादितीदृशमहाभिलाषमालोक्य विचार्य तत्

क्षेत्रं लाङ्गलैर्हलैः कृषन्नुल्लिखति, तथा

'..................अभिलाषो मलोऽत्र तु ॥' (स्व०४।१०५)

इत्युक्तस्थित्या मलरूपमभिलाषं विमृश्य देहात्मकक्षेत्रं बहुलोभेन कृषति कर्मबीजवापयोग्यं करोतीति रूपकश्लेषच्छायया उक्तिः ॥

अथच

वपेच्च मोहभावेन
मनोवाक्कायिकं सदा ।
धर्माधर्ममयं बीजं
प्रविकीर्य समन्ततः ॥ १०८ ॥

मोहभावेनेति महायासदायि एतदित्यविचारेण । वपेदिति क्षेत्रपरिनिष्ठितं संपादयेत् ॥

तदुत्तरकालं च

तस्माद्वै अङ्कुरोत्पत्तिः

तस्मादेव बीजात् नानाशरीरेन्द्रियात्मनोऽङ्कुरस्योत्पत्तिर्भवति ॥

कीदृशीत्याह

सुखदुःखफलोदया ।

सुखरूपस्य दुःखफलस्य उदयो यत्र ॥

सा च अङ्कुरोत्पत्तिः

वर्धते कामक्रोधेन
सिक्ता रागाम्बुना भृशम् १०९

अतश्च

यस्मिन्देशे च काले च
वयसा यादृशेन च ।
उप्तं शुभाशुभं कर्म
तत्काले लभते फलम् ॥ ११० ॥

तत्काले इति भाविजन्मगततारुण्यादिसमये इत्यर्थः ॥ ११० ॥

लब्ध्वा च तत्

भुङ्क्ते तु विविधाकारं
पूर्वकर्मवशाद्बुधः ।

बुध इति यो निर्णेतुमुपक्रान्तः ॥

तदेवमयमीदृशं क्षेत्रं

यस्मादेवं विजानाति
तस्मात्क्षेत्रज्ञ उच्यते ॥१११॥

तदित्थं

विषयान्बुध्यते यस्मा-

द्बुधस्तस्मात्प्रकीर्तितः ।

इत्थमयं बुधः पुरुषः संसारी विषयी भोक्ता क्षेत्रज्ञ इति च तत्तदर्थानुगताभिः संज्ञाभिरुच्यते ॥

बुध्यमानं लक्षयति

तदेवानिष्टरूपेण

यदा भावयते पुमान् ॥ ११२॥

बुध्यमानस्तु स तदा

तदेवेति विषयभोगादि ॥

एतदेव विभजति

अधुना कथयामि ते ।

तथा

यदा जुगुप्सते भोगा-

ञ्शुभांश्चैवाशुभांस्तथा ॥११३॥

कृत्रिमानेव मन्येत

परं वैराग्यमाश्रितः ।

मायाद्यवनिपर्यन्त-

मिन्द्रजालं तु बुध्यते ॥११४॥

मायेत्यादिना तत्तत्तत्त्वभुवनभोगेष्वपि भेदमयेषु अस्य विरक्तिर्दर्शिता ॥

किंच

पुत्रमित्रकलत्राणि

सुहृत्स्वजनबान्धवाः ।

यदर्जितं मया द्रव्यं

शुभेनाप्यशुभेन वा ॥ ११५ ॥

तद्भोक्ष्यन्ते त्विमे सर्वे

निरातङ्का निराकुलाः ।

एकाकी चाहमेवैष

यास्यामि यमसादनम् ॥११६॥

तस्माच्च न शुभा ह्येते

वैरिणोऽनर्थकारिणः ।

मित्रं परस्परोपकारवशात् स्निग्धं, सुहृत्तु अकारणमेव शोभनहृदयः । स्वजनो दासादिः । सदनमेव सादनम् ॥

न केवलं पुत्रादिभ्य एव जुगुप्सते, यावत्

स्वात्मीयमप्ययं देहं
नित्यमेव जुगुप्सते ॥ ११७॥
शुक्रशोणितसंभूतं
विषयोरगदूषितम्।
नानाव्याधिसमाकीर्णं
जराम्रृत्युभयाकुलम् ॥ ११८ ॥

अतश्च

सोऽहमस्मि मलाकीर्णे
कथमत्र रमाम्यहम्।

सोऽहमस्मीति आगमाद्यवगतसत्यात्मस्वरूपो भवामि। मलमशुचिद्रव्यम् ॥

तदित्थमयमाविर्भूतवैराग्यः

नित्यमुद्विग्नचित्तस्तु
चिन्तयेद्वै पुनः पुनः ॥ ११९॥
कथं मुक्तिर्भवेदस्मा-
त्संसाराद्दुरतिक्रमात्।

एवं प्रबुद्धो देवेशि
    तल्लयस्तत्परायणः ॥ १२० ॥
सर्वारम्भविनिर्मुक्तः
    प्रमुक्तः प्रोच्यते तदा ।
प्रबुद्धस्तु समाख्यातः
    सुप्रबुद्धं तु मे शृणु ॥ १२१ ॥
दीक्षाज्ञानेन योगेन
    चर्ययाप्यथ सुव्रते ।
यदा प्राप्तः परं स्थान-
    मध्वातीतं निरामयम् ॥१२२॥
विरजो विमलं शान्तं
    प्रपञ्चातीतगोचरम् ।
निष्कम्पं कारणातीतं
    सर्वज्ञं सर्वतोमुखम् ॥ १२३ ॥
सुतृप्तानादिसंबुद्धं
    स्वतन्त्रं नित्यमेव हि ।
अलुप्तशक्तिविभवं
    सुप्रबुद्धं सनातनम् ॥ १२४ ॥

तस्मिन्युक्तस्तदात्मा वै
तद्गुणैस्तु समन्वितः ।
सुप्रबुद्धः स एवोक्तो
भैरवस्य वचो यथा ॥ १२५ ॥
न चाधिकारिता दीक्षां
विना योगेऽस्ति शांकरे ।

इह आत्मा अन्तरात्मा च उक्तः, विज्ञानाकलो निरात्मेति, प्रलयाकलोऽपि अबुध इति, सकल एव च बाह्यविषयावबोधात् बुद्ध इति, आयातशक्तिपातो बुद्ध्यमानः, शिवयज्ञदीक्षितः प्राप्तज्ञानः प्रबुद्धः, स्वभ्यस्तज्ञानस्तु प्राप्तशिवैकात्म्यो निश्चलप्रतिपत्तिर्जीवन्मुक्तः सुप्रबुद्ध इति शुद्धात्मा बुद्ध्यमानः प्रबुद्धः सुप्रबुद्धः परात्मेति चतुर्विध उक्तः ॥

एवमात्मोपयोगितत्त्वसर्गनिरूपणानन्तरं ज्ञानियोगिनः प्रति उपयोगिनो हेयोपादेयताप्रदर्शनाय आत्मनोऽवस्थाविशेषान् निरूप्य 'गुणेभ्यो धिषणा जाता भावभेदैः समन्विता ॥' (११।६८) इत्युपक्रान्तान्भावभेदान्निरूपयितुमाह

अधुना कथयिष्यामि
भावभेदान्वरानने ॥ १२६ ॥

भावयन्ति वासयन्ति अन्तःकरणमिति भावा धर्मादयोऽष्टौ ॥ १२६ ॥

तत्र आदौ भेदानाह

कारणानि दश त्रीणि
कार्ये च दशधा प्रिये ।

भावानपि आह

एकादशेन्द्रियवधा
अहङ्कारस्तु वै त्रिधा ॥१२७॥
बुद्धिरष्टविधा चैव
पञ्चधा तु विपर्ययः ।

अत्र अहङ्कारस्त्रिविधो भेदमध्ये गणनीयः ॥

अथ

नामान्येषां विभागेन
कथयामि यथाक्रमम् ॥ १२८॥

तत्र कार्यविषयाणि कारणानि, कार्याणि

च स्थूलानि सूक्ष्मप्रतीतिहेतुभूतानीत्याशयेन उद्देशवैपरीत्येन नामानि आह

पृथिव्यापस्तथा तेजो
वायुराकाशमेव च ॥ १२९ ॥
गन्धो रसश्च तन्मात्रे
रूपतन्मात्रमेव च ।
स्पर्शः शब्दश्च पञ्चैव
तन्मात्राणीरितानि तु ॥१३०॥

ईरितानि उदीरितानि ॥ १३० ॥

एतत्ते दशधा कार्यं
कीर्तितं नामसंख्यया ।

अथ

वाक्पाणिपादं पायुं च
उपस्थं च तथा विदुः ॥१३१॥
श्रोत्रं त्वक्चक्षुषी जिह्वा
नासिका चेति कीर्तितम् ।
बहिष्करणकं देवि
दशधा संव्यवस्थितम् ॥१३२॥

मनोऽहङ्कारबुद्ध्याख्यं
त्रिधान्तःकरणं स्मृतम् ।

एवं त्रयोविंशतिधा कार्यकारणानि उक्त्वा, इन्द्रियासामर्थ्यरूपानिन्द्रियवधाख्यान् भावान् यथाक्रमं व्यनक्ति

मूकता कौण्यपङ्गुत्वं
तथानुत्सर्गतापि च ॥ १३३ ॥
निरानन्दश्च विज्ञेयो
बधिरत्वं तथैव च ।
शीर्णता चैव गात्रस्य
तथा चान्धत्वमेव च ॥ १३४॥
अनास्वादस्त्वगन्धश्च
अनवस्था मनस्यथ ।
इतीन्द्रियवधाः ख्याता
एकादश तु तत्क्रमात् ॥१३५॥

तत्क्रमादिति प्रोक्तवाक्पाण्यादिक्रमात् ॥

प्रागेव च

तैजसो वैकृताख्यश्च
भूतादिश्च तृतीयकः ।
अहङ्कारस्त्रिधा प्रोक्तो
मया ते वरवर्णिनि ॥ १३६ ॥

अथ

धर्मो ज्ञानं च वैराग्य-
मैश्वर्यं च चतुर्थकम् ।
अधर्मं च तथाज्ञान-
मवैराग्यमनैश्वरम् ॥ १३७ ॥
अष्टावेते समाख्याता
बुद्धेर्धर्मादयो गुणाः ।

किंच

तमो मोहो महामोह-
स्तामिस्रोऽन्यो विपर्ययः ॥ १३८ ॥
अन्धतामिस्रमित्याहु-
रेवं पञ्च विपर्ययाः ।

गुणबुद्ध्यहङ्कृत्तन्मात्रात्मनि सूक्ष्मशरीरे इ-

न्द्रियमूतात्मके स्थूलदेहे दृष्टानुश्रविकैः स्पृह-णीये शब्दादिविषयपञ्चके य आत्माभिमानः, स क्रमेण तमो मोहो महामोह इत्युच्यते। यस्तु शरीरबाह्यविषयापकारिणि द्वेषः, स तामिस्रः। तद्वियोगभयात् त्रासोऽन्धतामिस्रः॥

तदेवं

भावभेदाः समाख्याताः
पञ्चाशत्ते यथाक्रमम् ॥१३९॥

अथ धर्मादीनां प्रभेदान्प्रतिपादयन् सांख्योक्तास्तुष्टिसिद्ध्यादीन् दर्शयितुं प्रक्रमते

पुनश्चाष्टौ तु ये बुद्धे-
र्भेदा धर्मादयः स्थिताः।
तेषां भेदा यथा भिन्ना-
स्तथाहं कथयामि ते ॥१४०॥

पुनःशब्दः कथयामीत्येतदनन्तरं योज्यः॥

धर्माद्यष्टकरूपा या बुद्धिः, सा ज्ञानाख्य-भेदवर्ज

बध्नाति सप्तधा सा तु
पुंसः संसारवर्त्मनि।

अष्टमेन तु

मोचयेज्ज्ञानभावेन
सांख्यज्ञानरतान्नरान् ॥ १४१॥

सांख्येत्याद्युक्तेः सांख्यदृष्टावेव ते मुक्ताः, नतु इहेत्याशयोऽग्रे व्यक्तीभविष्यति ॥ १४१ ॥

एषां धर्मादीनां मध्यात्

ज्ञानं च सात्त्विकं प्रोक्तं
त्रयोऽन्ये राजसाः स्मृताः ।
तामसाश्चाप्यधर्माद्या-
श्चत्वारो वै वरानने ॥ १४२ ॥

त्रय इति ऐश्वर्यवैराग्यधर्माः ॥ १४२ ॥

किंच

धर्मश्च दशधा प्रोक्तो
ज्ञानं चैवाष्टधा स्मृतम् ।
वैराग्यं नवधा चैव-
मैश्वर्यं चाष्टधा विदुः ॥१४३॥
एत एव विपर्यस्ता
अधर्माद्याः प्रकीर्तिताः ।

एत एव ते धर्मादयो यथाप्रोक्तसंख्या-
प्रभेदा इत्यर्थः ॥

तत्र धर्मं दशविधं तावदाह

अक्रोधो गुरुशुश्रूषा
शौचं सन्तोष आर्जवम् ॥१४४॥
अहिंसा सत्यमस्तेयं
ब्रह्मचर्यमकल्कता ।
एवं दशविधो धर्मः
कथितस्तु वरानने ॥ १४५ ॥

अकल्कता अपापचित्तता ॥ १४५ ॥

ज्ञानभेदानाह

तारं सुतारं तरणं
तारकं च प्रमोदकम् ।
प्रमुदितं रम्यकं च
सदाप्रमुदितं तथा ॥ १४६ ॥
एतज्ज्ञानं समाख्यातं
समासात्परमेश्वरि ।

यत् पूर्वं पुंस्तत्त्वभुवननिर्णयावसरे

'तारा चैव सुतारा च················।'(१०।१०७१)

इत्यादि सिद्ध्यपेक्षया स्त्रीपाठेन उक्तं, तत् सांख्योक्तोहादिरूपसिद्ध्यष्टकं ज्ञानविशेषम्-इत्याशयेन। इह ज्ञानसामानाधिकरण्येन नपुंसकनिर्देशेन उक्तौ केवलं पूर्वं मोदमानेति यत्पठितं, तत्स्थान इह तरणमिति पाठमात्र-भेदः, नतु वस्तुभेदः कश्चित् ॥

पूर्वोक्तं तुष्टिनवकमपि वैराग्यप्रभेदरूप-मित्याह

अम्भा च सलिला ओघा
वृष्टिसंज्ञा तथापरा ॥ १४७ ॥
सुतारा च सुपारा च
सुनेत्रा च परा स्मृता ।
अष्टमी च कुमारी स्या-
दुत्तमाम्भसिका तथा ॥१४८॥

तदित्थं

वैराग्यं नवधा चैव
कथितं तु मया तव ।

तदेतस्सिद्धितुष्टिसप्तदशकमिह तारादिदेवताधिष्ठितत्वादेवमभिहितमिति प्रागेवोक्तम् ॥

अथ ऐश्वर्यं विभागतो दर्शयति

अणिमा लघिमा चैव
महिमा प्राप्तिरेव च ॥ १४९॥
प्राकाम्यं च तथेशित्वं
वशित्वं च ततः परम् ।
यत्रकामावसायित्व-
मष्टमं परिकीर्तितम् ॥ १५० ॥
ऐश्वर्यमष्टधा चैव
कथितं तु वरानने ।

अथ अक्रोधादिविपरीतान् क्रोधादीनधर्मभेदानाह

क्रोधश्चागुरुशुश्रूषा
अशौचं च ततः परम् ॥१५१॥
असन्तोषोऽनार्जवं च
हिंसा चासत्यमेव च ।

स्तेयमब्रह्मचर्यं च
तथा चैव सकल्कता ॥१५२॥
एवमेष समाख्यातो
दशधाधर्मसंग्रहः ।

अज्ञानभेदानाह

अतारमसुतारं च
अतारणमथापि च ॥ १५३ ॥
अतारकं च देवेशि
चतुर्थं परिकीर्तितम् ।
अप्रमोदोऽप्रमुदित-
मरम्यकमथापि च ॥ १५४ ॥
असदाप्रमुदितं त-
दज्ञानं चैवमष्टधा ।

एता एव सांख्यैरूहादिसिद्धिविपरीता अष्टौ बुद्धेरशक्तय उक्ताः ॥

अवैराग्यभेदानाह

अनम्भा असलिला च
अनोघावृष्टिरेव च ॥ १५५ ॥

अस्तुतारमस्तुपार-
मस्तुनेत्रमतः परम्।
अकुमारी च विज्ञेया-
नुत्तमाम्भसिका तथा ॥१५६॥

तदित्थम्

अनणिमालघिमा चै-
वामहिमा महेश्वरि।
अप्राप्तिरप्राकाम्यं चा-
नीशित्वं च तथैव च ॥१५७॥
अवशित्वं तथा चैवा-
यत्रकामावसायिता।

तदित्थम्

अनैश्वर्यं च देवेशि
अष्टधा परिकीर्तितम्।

एवं तत्त्वसर्गान्तरितो यो भावसर्गोऽभिहितः, स यथा यत्र स्थितस्तत्प्रतिपादयितुमाह

अनैश्वर्यादिभिश्चैते
पैशाचाद्या अधिष्ठिताः॥१५८॥

अभिष्ठिता व्यासाः ॥ १५८ ॥

अतश्च

यथाक्रमेण तेष्वष्टौ
संस्थितान्कथयामि ते ।

तेषु पैशाचादिषु । अष्टावनैश्वर्यादीन् ॥

तत्र

अनैश्वर्यं हि पैशाचे
अवैराग्यं च राक्षसे ॥ १५९ ॥
याक्षे चैव तदज्ञानं
गान्धर्वेऽधर्म एव च ।
धर्मं चैव तथैन्द्रे तु
ज्ञानं सौम्ये प्रतिष्ठितम् ॥ १६० ॥
प्राजापत्ये तु वैराग्य-
मैश्वर्यं ब्रह्मणि स्थितम् ।

प्रधानतयेति शेषः ॥

यच्च एतदैश्वर्यमुक्तं

चतुष्षष्टिगुणं चैत-
त्पदे ब्राह्मे व्यवस्थितम् ॥ १६१ ॥

षट्पञ्चाशद्गुणं तच्च
प्राजापत्ये व्यवस्थितम् ।
अष्टचत्वारिंशद्गुणं
सौम्ये वै परिकीर्तितम् ॥१६२॥
चत्वारिंशद्गुणं चैव
माहेन्द्रैश्वर्यमुच्यते ।
द्वात्रिंशद्गुणितं देवि
गान्धर्वैश्वर्यमुच्यते ॥ १६३ ॥
चतुर्विंशगुणं याक्षं
षोडशं राक्षसं स्मृतम् ।
ऐश्वर्यमष्टगुणितं
पैशाचं परिकीर्तितम् ॥ १६४ ॥
एवं स्थितं तदैश्वर्यं
देवयोनिषु सुव्रते ।

देवयोनिष्विति अर्थलब्धमभिदधतोऽयमाशयः—यादृक्सार्वभौमस्य नरपतेरैश्वर्यं, ततोऽष्टगुणं पैशाचं, ततोऽप्युत्तरोत्तरमष्टगुणं राक्षसादिषु, अन्यथा अवधेरभावे किमपेक्षमष्टगुण-

त्वादि स्यात् । एवं ब्राह्मैश्वर्यापेक्षं पिशाचानाम-
नैश्वर्यमेव उल्वणं, चक्रवर्त्यपेक्षया तु अष्टगुण-
मैश्वर्यमुच्यते ॥

एवंविधैश्वर्यव्यतिरिक्तास्तु ये धर्मादयः, ते

अन्ये सप्त स्वरूपेण

संस्थिता देवयोनिषु ॥ १६५ ॥

यद्यपि सर्वे बुद्धिधर्माः सन्ति, तथापि पै-
शाचादिक्रमेण अनैश्वर्यादेरेकैकस्य प्रकर्षः,
अन्येषां तु अपकर्ष इत्युक्तम् ॥ १६५ ॥

न केवलमित्थमेते देवयोनिषु गुणप्रधान-
भावेन स्थिताः, यावत्

एत एव सुसंकीर्णा

मानुषेषु व्यवस्थिताः ।

सुष्ठु संकीर्णा अलक्ष्यमाणविवेकाः, अत एव
मानुष्यमेकरूपम् ॥

तिर्यग्भेदे का वार्ता इत्याह

प्रधानगुणभावेन

स्थावरान्तं व्यवस्थिताः ॥१६६॥

पश्वादयस्तामसत्वात् अधर्मादिचतुष्टय-

मयाः । तत्रापि च यथोत्तरमधर्मोदयः प्रक्ष्यन्ते ॥ १६६ ॥

अथ अत्रैव यथाविभक्तविषये भावभेदे

गुणत्रयस्य व्याप्तिं वै
कथयामि यथास्थिताम् ।

तत्र

सत्त्वेनाधिष्ठिता देवा
ब्रह्माद्या मघवान्तकाः ॥१६७॥

ब्रह्माद्या मघवदन्ताश्चत्वारः सत्त्वप्रधानाः ॥

गन्धर्वयक्षमनुजा
दैत्याश्चैव तु राजसाः ।
यातुधानाः पिशाचाश्च
तामसाः परिकीर्तिताः ॥१६८॥

दैत्या यक्षप्राया एव ॥ १६८ ॥

रजःसत्त्वोत्कटा ज्ञेया
ऋषयः संशितव्रताः ।

संशितं सुतीक्ष्णं व्रतं ज्ञानविज्ञानोपायानु-

ष्ठाननियमो येषां ते देवमानुषान्तरालप्रायत्वात् रजःसत्त्वाभ्यामुत्कटाः ॥

ये च एते देवाद्या ऋषिपर्यन्तयोनिभेदाः

अन्योन्याभिभवास्ते च
पृथिव्यां संव्यवस्थिताः १६९

यातुधानप्रभृतिभिर्देवर्षिप्रभृतयो दुर्वृत्तेन भूर्लोकेऽभिभूयन्ते, तैरपि ते शौर्यतपोमन्त्रादिप्रभावात्, नतु गुणा अन्योन्याभिभवाः पृथिव्यामिति व्याख्येयं तेषामन्योन्याभिभवादिरूपतायाः सर्वत्र अविशेषात् पृथिव्यामिति विशेषचोदनाया अनुपपत्तेः ॥ १६९ ॥

किंच

अत्यन्ततमसाविष्टाः
स्थावराश्च सरीसृपाः ।

वृक्षादयः सर्पाद्याश्च गाढतामसा मोहक्रोधमयत्वात् ॥

किंच

पादपादविहीनाश्च
तामसाः परिकीर्तिताः ॥१७०॥

सरीसृपाद्या विज्ञेयाः

सरीसृपा आदौ येषां प्रातिलोम्यक्रमेण पक्ष्यादीनां ते सरीसृपाद्याः पश्वन्ताः सर्व एव तामसाः, किन्तु पादपादविहीना इति सरीसृपेभ्यः पक्षिणां पादेन हीनं तामसत्वं, तेभ्योऽपि मृगाणां, तेभ्योऽपि पशूनाम्। तदीदृशी गुणव्याप्तिरिह भगवता विभज्य दर्शिता, सांख्यैस्तु

'ऊर्ध्वं सत्त्वविशालस्तमोविशालस्तु मूलतः सर्गः ।
मध्ये रजोविशालो ब्रह्मादिस्तम्बपर्यन्तः ॥' (५४)

इति अविशेषेण देवयोनिपश्वादिमनुष्याणां सत्त्वतमोरजोमयत्वं दर्शितम् ॥

तदित्थं गुणवैचित्र्येण दर्शिता ये

स्थावरान्तास्तु सुव्रते ।

चतुर्दश योनिभेदाः ॥

एषामन्तर्गताश्चान्या

अनन्ता एव योनयः ॥१७१॥

मानुषेषु तथानन्ता

भेदानन्त्यव्यवस्थया ।

न शक्या गदितुं ता वै
कर्मानन्त्यप्रभेदतः ॥ १७२ ॥

मानुषेष्विति पुनर्विशेषोक्त्या दिग्देशकालसमाचारादिवैचित्र्येण तेषामनन्तशाखत्वं कथयति। कर्मसंबन्धिनोऽनन्तात्प्रभेदादिति योन्यानन्त्यहेतुः ॥ १७२ ॥

किंच

गुणास्तु मानुषे लोके
धर्माद्या इव संस्थिताः ।

यथा

'एत एव सुसंकीर्णा मानुषेषु व्यवस्थिताः ।'(११।१६६)

इति धर्माद्याः सुसंकीर्णा मनुष्याणामुक्ताः, तथा गुणा अपि अलक्ष्यमाणविशेषा इत्यर्थः ॥

अधर्मादिभिर्गुणैश्च ये संकीर्णा मानुषाः, तदुपदेष्टॄणि

धर्माद्येषु निबद्धानि
यानि ज्ञानानि सुव्रते ॥१७३॥
अधर्माद्येषु यानि स्यु-
स्तानि ते कथयाम्यहम् ।

धर्माद्येष्विति तद्विषये तद्वाचके इत्यर्थात् । ज्ञानानि शास्त्राणि ॥

तत्र

हेतुशास्त्रं च यल्लोके
नित्यानित्यविडम्बकम् ॥१७४॥

नित्यत्वानित्यत्वाभ्यां साध्याभ्यां विडम्बयति वञ्चयति प्रतिपाद्यं तत्त्वतस्तन्निश्चयायोगादिति नित्यानित्यविडम्बकम् । भावप्रधानो निर्देशः ॥ १७४ ॥

किंच

वादजल्पवितण्डाभिः

यदुक्तं प्रमाणतर्कसाधनोपालम्भः सिद्धान्ताविरुद्धः पक्षप्रतिपक्षपरिग्रहो वीतरागकथारूपो वादः । स एव च्छलजातिनिग्रहोपपन्नः पुरुषशक्तिपरीक्षार्थो जल्पः । प्रतिपक्षस्थापनहीनस्तु वितण्डा ॥

एवंभूतं हेतुशास्त्रं सदागमबाह्यं तर्कशास्त्रं यत्, तेन

विवदन्ते ह्यनिश्चिताः ।

न विद्यते निश्चितं वस्तुसतत्त्वनिश्चयो येषां, ते विवदन्ते इदं तत्त्वमिदं नेति परस्परव्याहतं रटन्ति ॥

यतस्तेषां

हेतुनिष्ठानि वाक्यानि

नतु आगमिकार्थविचाररूपाणि ॥

अतश्च

वस्तुशून्यानि सुव्रते ॥१७५॥

ज्ञानयोगविहीनानि

देवतारहितानि तु ।

तेन एषां

धर्मार्थकाममोक्षेषु

निश्चयो नैव जायते ॥ १७६ ॥

अत एव एतानि

अज्ञानेन निबद्धानि

त्वधर्मेण निमित्ततः ।

उक्तं च प्राक्

'गुरुदेवाग्निशास्त्रस्य ये न भक्ता नराधमाः ।
असद्युक्तिविचारज्ञाः शुष्कतर्कावलम्बिनः ॥

अमयत्येव तान्मोहा अमोक्षे मोक्षलिप्सया ।'

(१०।११४१)

इति । तथा

'सत्पथं तु परित्यज्य नयति ह्युत्पथम् ।' (१०।११४०)

इति ॥

यत एवंभूतं हेतुशास्त्रं, तेन

निरयं ते प्रगच्छन्ति
ये तत्राभिरता नराः ॥१७७॥

किंच अधर्मनिमित्तकाज्ञानमयेषु शुष्कतर्केषु

अवैराग्यादनैश्वर्यं
भुञ्जते निरये सदा ।

अतश्च अधर्माज्ञानावैराग्यानैश्वर्याख्या बुद्धिधर्माः

चत्वारस्ते वरारोहे
दुःखदा नरके सदा ॥ १७८ ॥
मोहकाः सर्वजन्तूनां
यतस्ते तामसाः स्मृताः ।

एवमधर्मादिचतुष्टयमयानि शुष्कतर्कशास्त्राणि उक्त्वा धर्मादिनिबद्धानि शास्त्राणि आह

धर्मेणैकेन देवेशि
बद्धं ज्ञानं हि लौकिकम् ॥१७९॥

लौकिकं वार्तादण्डनीत्यादि ॥ १७९ ॥

धर्मज्ञाननिबद्धं तु
पाञ्चरात्रं च वैदिकम् ।

पाञ्चरात्रैरभिगमनोपादानेज्यादिधर्मवत्
'भूत एव स स्वयं भवति ।'
इत्यादि ज्ञानमप्युपदिश्यते । वैदिकैरपि कर्मानुष्ठानवत्
'पुरुष एवेदं सर्वम् ।' (ऋ० वे० १०।९०।२)
इति ज्ञानकाण्डादौ ज्ञानमप्युच्यते ॥

बौद्धमारहतं चैव
वैराग्येणैव सुव्रते ॥ १८० ॥

बद्धमित्येव ॥ १८० ॥

ज्ञानवैराग्यसंबद्धं
सांख्यज्ञानं हि पार्वति ।

ज्ञानं पुंस्प्रकृतिविवेकोपलब्धिः ॥

ज्ञानं वैराग्यमैश्वर्यं
योगज्ञानप्रतिष्ठितम् ॥१८१॥

पातञ्जलादौ विभूतिपादे ऐश्वर्यस्यापि उक्तत्वात् ॥ १८१ ॥

एवं लौकिकादीनि योगान्तानि शास्त्राणि धर्मादिरूपबुद्धिधर्मनिष्ठानि, तदुत्तरं तु पारमेश्वरं

अतीतं बुद्धिभावाना-
मतिमार्गं प्रकीर्तितम् ।
लोकातीतं तु तज्ज्ञान-
मतिमार्गमिति स्मृतम् ॥ १८२ ॥

बुद्धिभावानां सर्वेषां प्रोक्तप्रपञ्चानां धर्मादीनामतीतमिति द्वितीयास्थाने व्यत्ययेन षष्ठी । तदेतदतिमार्गं शाक्तं मार्गं पशुलोकमतीतमिति कृत्वा ॥ १८२ ॥

तदेतत्स्पष्टयति

लोकाश्च पशवः प्रोक्ताः
सृष्टिसंहारवर्त्मनि ।
तेषामतीतास्ते ज्ञेया
येऽतिमार्गे व्यवस्थिताः ॥ १८३ ॥

सृष्टिसंहारमार्गे ये पशवः स्रष्टृसंहर्त्रात्मकं संवित्तत्त्वं न जानन्ति तत एव सृज्यमानाः संह्रियमाणाश्च, ते सर्वे एव इह लोका उच्यन्ते । तदतीता अतिमार्गस्थाः ॥ १८३ ॥

यतः

कपालव्रतिनो ये च
तथा पाशुपताश्च ये ।
सृष्टिर्न विद्यते तेषां

चः अप्यर्थे भिन्नक्रमः । ये कपालव्रतिनः पाशुपताश्च, तेषामपि सृष्टिर्नास्ति; किमङ्ग सर्वाध्वोत्तीर्णानां शैवानामिति अर्थात् ॥

का तर्हि एषां स्थितिरित्याह

ईश्वरे च ध्रुवे स्थिताः ॥१८४॥

उक्तं च प्राक्

'दीक्षाज्ञानविशुद्धात्मा देहान्ते शैवचर्यया ।
कपालव्रतमास्थाय स्वं स्वं गच्छति तत्पदम् ॥
जपभस्मक्रियानिष्ठास्ते व्रजन्त्यैश्वरं पदम् ।' (११।७४)

इति ॥ १८४ ॥

ननु सर्वस्य अध्वनः सर्गसंहारपात्रत्वादी-

भरतत्त्वस्थानामेषामपि ताभ्यां भवितव्यम् । उच्यते । तावन्मात्रात्स्यात्स्यंशसंहार एषां परभैरवस्वरूपापत्तिः, नतु पशुवत् संहृतस्वरूपाः पुनः सृज्यन्ते । तदाह

यस्मान्मोक्षं गमिष्यन्ति
अपुनर्भवकारणम् ।

तस्मायुक्तमुक्तं सृष्टिर्न विद्यते तेषामिति संबन्धः ॥

ये तु न अतिमार्गस्थाः, तेषां

लौकिकानां पुनः सृष्टिः
पुनः संहार एव च ॥ १८५ ॥

अतश्च ते

संसारचक्रमारूढा
भ्रमन्ति घटयन्त्रवत् ।

घटयन्त्रमरघट्टः ॥

एतदेव उपपादयति

धर्माद्यरकसंयुक्त-
मष्टारं चक्रकं प्रिये ॥ १८६ ॥

ईश्वराधिष्ठितं देवि
नियत्यादण्डकाहतम् ।
मलकर्मकलाविद्धं
भ्रमते कालवेगतः ॥ १८७ ॥

धर्मादयो ये संसारकारणभूतास्त एव अरा इव अरकाः परिभ्रमणहेतवः । यदाहुः

'धर्मेण गमनमूर्ध्वम्............।' (सां० का० ४४)

इत्यादि । कुत्सितं चक्रं चक्रकं, नियतिरेव आवर्तमानो दण्ड एव दण्डकः, तेन आहतं प्रेरितं, मलेन आणवेन, कर्मणा, कलोपलक्षितेन मायीयेन विद्यादिना आविद्धं वेगेन प्रेरितं, कलनामयकालतत्त्वकृतवेगेन भ्राम्यति ॥

यत ईदृशमेतदतिविषमं चक्रं, ततः

लौकिकाद्येषु ज्ञानेषु
ये तेष्वभिरताः प्रिये ।
हेतुशास्त्रपरा ये तु
ये चान्ये पापकर्मिणः ॥१८८॥
ते सर्वे चास्य चक्रस्य
नान्तं पश्यन्ति मोहिताः ।

तेष्विति प्रोक्तरूपेषु । ये त्वित्यनेन लौकिकनिष्ठेभ्योऽपि शुष्कतर्कनिष्ठानामौपहत्यं ध्वन्यते । मोहिता मायया स्थगितस्वरूपाः ॥

अयं च सर्वशास्त्रेभ्यः शिवशास्त्रस्य विशेषः, यत्

लौकिकाद्येषु ये साध्या
अतिमार्गान्तगोचरे ॥ १८९ ॥
लीलया साधयेत्सर्वान्
शिवज्ञाने महोदये ।

ये सिद्धिविशेषा लौकिकादौ साध्यास्तान् सर्वानतिमार्गलक्षणो योऽन्तः सर्वशास्त्रपरिनिष्ठास्थानं, तद्गोचरे तद्विषये महोदयहेतौ शिवज्ञाने साधको लीलया साधयति ॥

यच्च शैवज्ञानेन साध्यते
न सर्वैः साध्यते तद्धि
लौकिकादिभिः ॥

अत्र हेतुः

यतोऽतीव सुनिर्मलम् ॥ १९० ॥

शिवज्ञानमिति शेषः ॥ १९० ॥

सुनिर्मलत्वमेव स्पष्टयति

यतो योजयते देवि
अभावे परमे पदे ।

अविद्यमाना भावभेदरूपाः पदार्था यत्र ॥

एतत्स्फुटयति

अभावं भावनातीतं
प्रपञ्चातीतगोचरम् ॥ १९१ ॥
मनोबुद्ध्यादिनिर्मुक्तं
हेतुवादविवर्जितम् ।
प्रत्यक्षादिप्रमाणैश्च
व्यतीतं प्रभु चाऽव्ययम् ॥ १९२ ॥
सर्वतर्कागमातीतं
पाशमन्त्रविवर्जितम् ।
सर्वज्ञं सर्वगं शान्तं
निर्मलं निरुपप्लवम् ॥ १९३ ॥

अविद्यमाना भावा यत्र तादृशं परमं पदम् । भावनातीतं यतः प्रपञ्चं वैचित्र्यमतीतो गो-

चरो विषयतया संभाव्यमानं रूपं यस्य। अत एव मनोबुद्ध्यादिनिर्मुक्तम्। अत एव च हेतुवादेन विवर्जितं सर्वविचारभित्तिभूतत्वाद्विचारयितुमशक्यमित्यर्थः। तथा प्रत्यक्षादिप्रमाणाविषयः प्रमाणानामपि स्वप्रकाशतच्चित्त्वेन प्रकाशनात् सर्वावभासोल्लासकत्वाच्च। प्रभु प्रभवनशीलं स्वतन्त्रम्। नच उल्लास्यविनाशे अस्य अन्यस्येव मनागपि अन्यथाभाव इति अव्ययमिति। सर्वं तर्क्यते विचार्यते यैर आगमैरिति आगमविशेषैः पारमेश्वरैस्तेषामेव सर्वविचारकत्वात्, तानपि अतिक्रान्तं तेषामपि अविषयः, यतो मायान्तैरशुद्धाध्वगैः पाशैः शुद्धाध्वस्थैश्च मन्त्रैर्विवर्जितम्। सर्वं जानात्यभेदेन पश्यति, सर्वं गच्छति अधितिष्ठति व्याप्नोति, तथापिच तेन न मनागपि आरूष्यते इति शान्तं चिदेकरूपं, तथापिच निष्क्रान्ता उद्धृता आणवादिमला यस्मात्तादृक्, ईदृगपि च तैरसंस्पृष्टत्वात् निरुपप्लवं निर्विकल्पं सततावभास्वरसर्वाभासकस्वतन्त्रचिदेकरूपम्॥ १९३॥

किंच

सर्वशक्त्यात्मकं ह्येकं
स्वतन्त्रानाथनादिमत् ।
सर्वातिशयनिर्मुक्त-
मनादिभववर्जितम् ॥ १९४ ॥
सर्वज्ञानपदातीतं
शैवं ज्ञानं परं स्मृतम् ।

'शक्तयोऽस्य जगत्कृत्स्नं.............. ।'

इति नीत्या जगदात्मकसर्वशक्तिस्वभावम् । एकमद्वितीयम् । स्वमात्मीयं रूपमेव तन्त्रं पञ्चधाकृत्यकर्मणि उपकरणं यस्य, तत्स्वतन्त्रम् । तथा न विद्यतेऽन्यो नाथो यस्य तदनाथं विश्वेश्वरम् । तथा अनादिमत् सर्वस्यादिभूतम् । सर्वैर्ज्ञानक्रियादिविषयैर्निर्मुक्तं विश्वातिशायिनिरतिशयचिन्मात्ररूपमित्यर्थः । अनादिना अहंप्रथमिकाप्रवृत्तेन भवेन वर्जितमस्पृष्टम् । सर्वेषां बौद्धसांख्यलाकुलादिज्ञानानां यत्पदं स्वं स्वं विश्रान्तिधाम तदप्युल्लंघ्य स्थितम् । एवंभूतं यत् परमनुत्तरं

शिवज्ञानं, तत् अनुभवरूपं स्मृतमविच्छिन्नेन पारम्पर्येण प्रतीतमित्यर्थः ॥

एवं तत्त्वभूतभावभेदसृष्टीः प्रतिपाद्य, धर्म-ज्ञानादिनिबद्धलौकिकादिज्ञाननिरूपणपूर्वं शै-वज्ञानमाहात्म्यं च निर्णीय उक्ततत्त्वादिसृष्टि-मनुवादभङ्ग्या उपसंहरन् शिवज्ञानमाहात्म्यमेव अधिकावापेन दर्शयति

एवं सृष्टानि तत्त्वानि

ज्ञानानि च वरानने ॥ १९५ ॥

तत्त्वैरेतैर्जगत्सर्वं

विसृष्टं सचराचरम् ।

विशेषेण सृष्टं चतुर्दशविधभूतसर्गात्मना प्रपञ्चितम् ॥

किंच

भुवनानि विचित्राणि

शतशोऽथ सहस्रशः ॥ १९६ ॥

तत्त्वाभ्यन्तरसंस्थानि

यानि भुवनानि भुवनाध्वनि उक्तानि, तानि अपि तत्त्वैरेव सृष्टानि ॥

तथा प्रोक्तज्ञानरूपाणि

शास्त्राणि विविधानि च ।

न केवलं भुवनानि शास्त्राणि च तत्त्वाभ्यन्तराणि, यावत्

विज्ञानं कुहकं शिल्पं

सिद्धिसन्दोहलक्षणम् ॥१९७॥

सर्वं तत्त्वेषु बोद्धव्यं

विविधं मन्त्रमण्डलमुद्रादिज्ञानं, तथा कुहकं विस्मापकं मितहृदयप्रत्ययकारि इन्द्रजालप्रायं, शिल्पं चित्रपुस्तपुत्तलिकानृत्तगीतादि, सिद्धीनां वश्याकर्षणादिरूपाणां सन्दोहं समूहं लक्षयति दर्शयति च यत् ज्ञानं, तत् सर्वं तत्त्वेष्वस्तीति ज्ञेयम् ॥

यतः

सर्वतत्त्वेषु दृश्यते ।

तत्तत्तत्त्वौचित्येन तत्त्वसाक्षात्कारादिभिरुपलभ्यते ॥

न केवलं तत्त्वेषु साधकोपयोगि ज्ञेयमस्ति, यावत्

प्रक्रिया शिवदीक्षा च
तत्त्वैरेतैर्हि लभ्यते ॥ १९८ ॥

पूर्वोक्ततत्त्वादिप्रदर्शनरूपा ज्ञानशालिनां साधकानां च उपयोगिनी या प्रक्रिया, तथा तत्तत्त्वगतविचित्रभुवनभोगोचिततत्तद्योनिभेदोपपत्तिनिष्कृतिकर्मादिपाशप्रशमः शिवयोजनिका च एतैरुक्तरूपैस्तत्त्वैर्लभ्यते, न अन्यथा। तदर्थं यथोक्ततत्त्वस्वरूपमवश्यज्ञेयम् ॥ १९८ ॥

युक्तं च एतत् यतः

नास्ति दीक्षासमो मोक्षः

'दीक्षैव मोचयत्यूर्ध्वं शैवं धाम नयत्यपि ।'

इति हि प्रतिपादितमन्यत्र ॥

दीक्षा च यैर्मन्त्रैः क्रियते, तद्वीर्यरूपा

न विद्या मातृका परा ।

सा हि भगवती अशेषवाच्यवाचकात्मकजगद्भेदचमत्कारात्मकशब्दराशिविमर्शपरमार्था सर्वमन्त्रारणिस्तत्र तत्र आगमेषु निर्दिश्यते । सा च एषा विश्वात्मविमर्शनेन परं ज्ञानं प्रयच्छति ॥

तच्च प्रतिपादिताध्वप्रक्रियामयमेवेत्याह

न प्रक्रियापरं ज्ञानं
प्रक्रियातः परमन्यज्ज्ञानं परितुच्छमेव ॥

ज्ञानं ज्ञेयस्य ज्ञापकमिति पूर्वनिरूपितनीत्या ज्ञानेन लक्षणीयो यो लक्ष्यभूतपरतत्त्वैकात्मा योगस्ततोऽन्यो मितयोगो हेय एवेत्याह

नास्ति योगस्त्वलक्ष्यकः॥१९९॥

अविद्यमानं परं लक्ष्यं विश्रान्तिधाम यस्य तादृशो योगो नास्ति । विद्यमानोऽपि मितयोग इह अनुत्तरचर्चायामयोग एवेति योजनिकोक्तः परयोग एव इह योगः ॥ १९९ ॥

एवं परपुरुषार्थप्रापकदीक्षातदुपयोगिमातृकाप्रक्रियाज्ञानालक्ष्यकयोगस्वरूपमेतत्सर्वमेव सातिशयं वस्तु पारमेश्वर एव शासने उपदिश्यते इति तदेव सर्वशास्त्रोत्तममिति निरूपयति

तत्सर्वं कथितं देवि
शिवज्ञानमहोदधौ ।

शिवज्ञानमेव अगाधत्वात् समग्रज्ञाननदीभेदविश्रान्तिधामत्वात् समस्तसम्पत्समवाप्तिहेतुत्वाच्च महोदधिः ॥

प्रकृतमुपसंहरन्नन्यदवतारयति

एवं सृष्टिः समाख्याता
स्थितिः संहार उच्यते ॥२००॥

संहारश्चेत्यर्थः । तत्र स्थितिर्नियतिकालावस्थानात्मा, तत्प्रान्ते च संहारस्तथेति ॥२००॥

यतः प्रभृति प्रवृत्तो यादृशश्च यस्य स्थाप्यस्य संहार्यस्य च कालः, तत्सर्वमादेष्टुमाह

मानुषाक्षिनिमेषस्य
अष्टमांशः क्षणः स्मृतः ।
क्षणद्वयं त्रुटिर्ज्ञेया
तद्द्वयं तु लवः स्मृतः ॥२०१॥
लवद्वयं निमेषस्तु
ज्ञातव्यो गणितक्रमात् ।
दश पञ्च निमेषाश्च
काष्ठा चैव प्रकीर्तिता ॥२०२॥
त्रिंशत्काष्ठाः कला ज्ञेया
मुहूर्तास्त्रिंशदेव ताः ।

मुहूर्तस्तु पुनस्त्रिंश-
दहोरात्रस्तु मानुषः ॥ २०३ ॥

शास्त्रव्युत्पिपादयिषितानां मनुष्याणां स्वानुभवसिद्धो योऽक्ष्णो निमेषः पक्ष्मसंकोचस्तदीयो योऽष्टमांशः अत्यन्तमणीयान् कालावयवः अक्षिनिमेषकालप्रतीत्यैव कल्प्यमानः, स क्षणः। लव इति यः प्राणीयस्त्रुटिकालः। यदुक्तं प्राक्

'त्रुटयः षोडश प्राणे पूर्वं हि कथिता मया।
बाह्येनैव तु कालेन ते लवाः परिकीर्तिताः ॥' (७।२७)

इति। लवद्वयं निमेष इति क्षणाष्टकरूपः। मुहूर्त इति द्विघटिकारूपः ॥ २०३ ॥

किंच

अहोरात्रशतैश्चैव
त्रिभिः षष्ट्यधिकैः प्रिये।
संवत्सरस्तु विज्ञेयो
मानुषः कमलेक्षणे ॥ २०४ ॥
संवत्सरशतं पूर्ण-
मायुर्ज्ञेयं तु मानुषम्।

विंशत्यधिकं हि शतं परमायुरिति प्रसिद्धम् ॥

यदुक्तं षष्ट्यधिकाहोरात्रशतत्रयेण वत्सर इति, तदेव पक्षमासादिविभागपूर्वं स्फुटयति

दश पञ्च त्वहोरात्राः
पक्षस्तु परिकीर्तितः ॥ २०५ ॥
पक्षद्वयेन मासस्तु
ऋतुर्द्विगुण एव सः ।
ऋतुद्वयेन कालः स्या-
दयनं च त्रिभिस्त्रिभिः ॥२०६॥
ताभ्यां द्वाभ्यां वरारोहे
वर्षं तु परिगीयते ।

कालश्चतुर्माससंज्ञः । अयनमुत्तरायणं दक्षिणायनं च ॥

इत्थमयनद्वयात्मको यो मनुष्याणां वत्सरः, स एव पित्र्योऽहोरात्र इत्याह

दक्षिणं चायनं रात्रि-
रुत्तरं चायनं दिनम् ॥ २०७ ॥
पितॄणां तदहोरात्र-
मनेनाब्दस्तु पूर्ववत् ।

एवं दैवस्त्वहोरात्र-
स्तत्राप्यब्दादि पूर्ववत् ॥२०८॥

आदिशब्दात्पक्षमासादि । इत्थं पितृणां देवामां च तुल्या अहोरात्रकलनेति पुराणपुस्तकेषु दृश्यते, अद्यतनैस्तु 'ऋतुर्द्विगुण एव सः' इत्यतोऽनन्तरं

'कृष्णपक्षस्त्वहश्चैव शुक्लस्तु रजनी भवेत् ।
पितृणां सोऽप्यहोरात्रस्त्वनेनाब्दस्तु पूर्ववत् ॥'

इति विपर्यास्य पठित्वा मानुष्यो मासः पित्र्योऽहोरात्र इति व्याख्यातं, तेषां च सांवत्सरिकी पितृदिनव्यवस्था लौकिक्यपि स्थितिः प्रसृता ॥

तदेवं मानुषषष्ट्यधिकत्रिशताब्दपरिमाणो यो दिव्यो वत्सरस्तमाश्रित्य

द्वादशाब्दसहस्राणि
विज्ञेयं तु चतुर्युगम् ।

द्वादशाब्दसहस्राणि विज्ञेयं चतुर्युगम् ॥

अत्र च अयं विभागः

चतुर्भिस्तु कृतं देवि
सहस्रैस्तु यथाक्रमम् ॥२०९॥

त्रेता ज्ञेया त्रिभिर्देवि
द्वाभ्यां वै द्वापरः स्मृतः ।
सहस्रेणैव वर्षाणां
विज्ञेयस्तु कलिः प्रिये ॥२१०॥

एवं दश वर्षाणां सहस्राणि ॥ २१० ॥

यत्तु अवशिष्टं सहस्रद्वयं, ततः

सन्ध्याद्वयस्य मानं तु
कथयामि युगे युगे ।

आद्यन्तगतस्य ॥

तत्र

शतानि चत्वारि कृते
त्वादिरन्तश्च कीर्त्यते ॥२११॥

त्रेते शतत्रयं ज्ञेयं
द्वापरे तु शतद्वयम् ।
कलौ चापि शतं ज्ञेयं
सन्ध्यामानमिदं स्मृतम् २१२

एवं च कलेरन्ते शतं कृतस्यादौ चत्वारि
शतानि इति कलिकृतयुगयोः सन्ध्या पञ्च श-

तानि, एवं कृतत्रेतयोः सन्ध्या सप्त शतानि, त्रेताद्वापरयोः पञ्च शतानि, द्वापरकलियुगयोः त्रीणि शतानीति गणयित्वा सहस्रद्वयम्। एतत् प्रागुक्तेन सहस्रदशकेन सह द्वादशसहस्रं चतुर्युगम्। यदा तु

'सन्धिसन्ध्यंशमानं तु कथयामि·········।'

इति पाठः, तदा प्रोक्तोभयमेलनात्सप्तसन्धिमानमेकैकशतं तु सन्ध्यंशमानं ज्ञेयम् ॥ २१२ ॥

एतदेव च

लौकिकेन तु मानेन
पुनश्च कथयामि ते।

यावत्संख्याकं भवति ॥

त्रिचत्वारिंशल्लक्षाणि
सहस्राणि च विंशतिः ॥२१३॥
लौकिकेन तु मानेन
त्वियं संख्या चतुर्युगे।

वर्षाणामिति शेषः ॥

विभागेनापि

एकैकस्य पुनर्देवि
युगस्य कथयामि ते ॥ २१४ ॥

लौकिकवर्षसंख्याम् ॥ २१४ ॥

दश सप्त च लक्षाणि
सहस्राण्यष्टविंशतिः ।
कृतस्यैतद्भवेन्मानं

आद्यन्तगतचतुःशतसन्ध्यंशयुक्तस्य, नतु केवलस्य । एवमुत्तरत्र ॥

त्रेतायाः कथयामि ते ॥ २१५ ॥
षण्णवतिः सहस्राणि
लक्षाणि द्वादशैव तु ।
त्रेतायुगस्य मानं तु
द्वापरस्य निबोध मे ॥ २१६ ॥
चतुःषष्टिः सहस्राणि
ह्यष्टौ लक्षाणि सुव्रते ।

द्वापरस्य तु मानं च
  कलेस्तु कथयामि ते ॥२१७॥
द्वात्रिंशत्तु सहस्राणि
  लक्षाणां च चतुष्टयम् ।
एतन्मानं कलेः प्रोक्तं
  समासात्तव सुव्रते ॥ २१८ ॥

तदित्थं

वर्षैस्तु मानवैर्देवि
  मानमेतद्युगे युगे ।

एवमुक्तदिव्यलौकिकाब्दमानानुसारेण

चतुर्युगैकसप्तत्या
  भवेन्मन्वन्तरं पुनः ॥ २१९ ॥

एतच्च अस्य

सन्ध्यामानविहीनं तु
  युगैर्मलं प्रकीर्तितम् ।
एतद्दिव्येन मानेन
  मानं मन्वन्तरे स्मृतम् ॥२२०॥

१६

चतुर्युगसतानि द्वादशाब्दसहस्राण्येकस-
प्त्या गणयेत् ॥ २२० ॥

एतदेव च मानं

वर्षमानैः पुनश्चैव
लौकिकैः कथयामि ते ।
सप्तषष्टिस्तु लक्षाणि
त्रिंशत्कोट्यो वरानने ॥२२१॥
सहस्रविंशतिर्ज्ञेयं
मानं मन्वन्तरे प्रिये ।

सषष्टिशतत्रयकलनया मन्वन्तरकाल एव च ऐन्द्रस्थितिकालः ॥

एवमेवंविधैः

चतुर्दशभिर्देवेशि
कल्पो मन्वन्तरे भवेत् ॥२२२॥

मन्वन्तरसन्ध्यामानमाह

मन्वन्तरे व्यतिक्रान्ते
चान्यस्मिन्पुनरागते ।

पञ्च वर्षसहस्राणि
मध्ये सन्ध्या भवेत्सदा ॥२२३॥

दिव्यानीत्यर्थात् ॥ २२३ ॥

अयं तु विशेषः, यत्

आदौ सहस्रं सर्वेषा-
मन्ते चापि पुनस्तथा ।

ब्रह्मदिनगतमन्वन्तरापेक्षया आदावन्ते चेति प्रथममन्वन्तरस्यादौ चरममन्वन्तरस्यान्ते सहस्रमेकमधिकमिति ॥

तदित्थं ससन्ध्याकालचतुर्दशमन्वन्तरकालः

कल्पो ब्रह्मदिनं प्रोक्तं
चतुर्युगसहस्रकम् ॥ २२४ ॥

कल्पते विश्वमस्मिन्निति कल्पः एकसप्तत्या चतुर्युगैश्च मन्वन्तरगुणितैः षड्भिरूनं चतुर्युगसहस्रं भवति । मन्वन्तरेषु सन्ध्याकालोऽप्युक्तनीत्या द्वासप्ततिसहस्र इति तदीयचतुर्युगषट्केन सहस्रमानमेतदुक्तम् ॥ २२४ ॥

एतच्च

वर्षमानेन दिव्येन
पुनश्च कथयामि ते ।

संख्यातमिति शेषः ॥

तदाह

कोटिरेका तु वर्षाणां
लक्षाणां चैव विंशतिः ॥२२५॥
दिव्येनैव तु मानेन
ब्रह्मणस्तु दिनं भवेत् ।

द्वादश सहस्राणि सहस्रगुणितानि एवमेव
भवन्ति ॥

ईदृशस्य अस्य ब्राह्मदिनस्य

षण्णवत्या सहस्रैस्तु
सन्ध्याकालः प्रकीर्तितः ॥२२६॥

अष्टौ चतुर्युगानि षण्णवत्या वर्षसहस्रैर्भ-
वन्ति । तत्र प्रातःसन्ध्यायां दिनशतानि च-
त्वारि चतुर्युगानि, सायंसन्ध्यायां चत्वारीति

विभागः । निशाद्यन्तगतानि अप्येवमेवेत्यष्ट-युगः प्रातः सायं च सन्ध्याकालः ॥ २२६ ॥

एतच्च

लौकिकेन तु मानेन
अधुना कथयामि ते ।

सङ्ख्यातमिति शेषः ॥

तदाह

वर्षवृन्दानि चत्वारि
त्वर्बुदत्रयमेव च ॥ २२७ ॥
कोटिद्वयं च देवेशि
दिनं पैतामहं स्मृतम् ।
सन्ध्या कोटित्रयं चैव
पञ्च लक्षाणि कीर्तिता ॥२२८॥
चत्वारिंशत्तथा षष्टिः
सहस्राणि तथैव च ।

षण्णवतिसहस्राणि सषष्टिशतत्रयकलितानि एवमेव भवन्ति । अतश्च यत् श्रीभुल्लकः

'सन्ध्याकोटित्रयं लक्षाणि चतुःसप्ततिरेव च ।'

इत्यादि पठितवान्, तदुपेक्ष्यम् ॥

यथाच अयं

पश्चिमः सन्धिरेवं हि

सन्धिः सन्ध्याकालः ॥

तथा

पूर्वसन्ध्यापि तत्समा ॥२२९॥

तदित्थं ब्रह्मदिनावधिका

नरकैः सह सप्तानां

पातालानां तथा प्रिये ।

लोकानां चैव सप्तानां

स्थितिरेषा प्रकीर्तिता ॥२३०॥

लोकानां तन्निवासस्थानानां भूरादीनाम् ॥

तथा एषामेव

संहारं च पुनर्देवि

शृणुष्व कथयामि ते ।

ब्रह्मणः स्वदिनान्ते वै

कल्पः संहार उच्यते ॥२३१॥

स्वदिनान्त इति तन्निशायाम् । कल्प इति

कल्प्यते च्छिद्यते अस्मिन् विश्वमिति कृत्वा । संहार इति संहारकालः ॥ २३१ ॥

तत्र

दिनेनैकेन ब्राह्मेण
इन्द्राश्चैव चतुर्दश ।
राज्यं कृत्वा क्रमाद्यान्ति
मन्वन्तरव्यवस्थया ॥ २३२ ॥

प्रतिमन्वन्तरं राज्यं कृत्वा एकैक इन्द्रः स्वकर्मौचित्येन गच्छति ॥ २३२ ॥

ततः संहरते विश्वं
सप्तलोकान्तगोचरम् ।
सुप्ते पितामहे देवि
ऊर्ध्वं कालाग्निरीक्षते ॥ २३३ ॥

तत इति चतुर्दशेन्द्रान्ते। पशुवन्निद्रायमाणेन ब्रह्मणा जनितविस्मयो यावत्कालाग्निरूर्ध्वमीक्षते, तावत्सप्तलोकान्तगोचरं विषयजातं संहरति ॥ २३३ ॥

अथ निरीक्षणसमये

तस्य वै दक्षिणं वक्त्रं
महाज्वालां विनिक्षिपेत् ।

अतश्च

तस्माद्वक्त्रान्महाज्वाला
लक्षयोजनविस्तृता ॥ २३४ ॥

ऊर्ध्वं प्रयाति सा दीप्ता
तीव्रवेगा सुदुःसहा ।

अत्र च अवसरे सत्सु

लोकेषु ये स्थिता लोका
ये च पातालवासिनः ॥ २३५ ॥

सुखदुःखोभये क्षीणे
मोहं भूयिष्ठमागते ।

सत्तामात्रास्तु ते सर्वे
भवन्ति ब्रह्मविष्टपे ॥ २३६ ॥

ये चेति चशब्दान्नरकादिक्षेत्रगताः । ब्रह्मविष्टपे सत्यलोकोर्ध्ववर्तिनि ब्रह्मभुवने ॥ २३६ ॥

कियदवधिका एषां मूढतेत्याह

यावन्नोदयनं भूयः
   सुखदुःखादिकर्मणाम् ।
तावत्तिष्ठन्ति ते मूढा
   यावद्ब्रह्मा न बुध्यते ॥ २३७ ॥

सुखदुःखयोरादिशब्दात् जन्मायुषोर्हेतुभू-
तानि कर्माणि, तेषाम् । उदयो विपाकः ॥२३७॥

ये तु

रुद्रलोकाधिपतयः
   पातालपतयश्च ये ।
कूष्माण्डहाटकाद्यास्तु
   ते तिष्ठन्त्यतिनिर्मलाः ॥२३८॥

नतु मनागपि म्लायन्ति ॥ २३८ ॥

किन्तु

निर्व्यापारास्तु ते ताव-
   द्यावत्सृष्टिः पुनर्भवेत् ।
निवृत्तानुग्रहादिव्यापाराः ॥

अथ

शून्यभूतेषु लोकेषु
ज्वाला दहति दुर्धरा ॥२३९॥
सा दहेन्नरकान्देवि
पातालानि समन्ततः ।
त्रींल्लोकांश्चैव दहति
भूर्भुवःस्वःपदान्तिकान् ॥२४०॥

शून्यभूतेषु लोकेष्विति तन्निमित्तं,नरकेभ्यः प्रभृति स्वर्लोकान्तं दहति ॥ २४० ॥

ये तु अन्ये, ते

धूमेन च त्रयो लोका
विनश्यन्ति वरानने ।
महोजनस्तपःसंज्ञाः

सप्तमस्तु

सत्यलोकोऽपि सुव्रते ॥२४१॥

पूर्वे च सर्वे

तिष्ठन्ति मोहितात्मानो
निद्रया ते मृतोपमाः ।

अथ

एवं दग्ध्वा जगत्सर्वं
ज्वाला वक्त्रं विशेत्पुनः ॥२४२॥

कालाग्नेर्दक्षिणमेव ॥ २४२ ॥

ततो वान्ति महावाता
ब्रह्मनिःश्वाससम्भवाः ।

ते च

नाशयन्ति च तद्भस्म
जगद्दाहोद्भवं प्रिये ॥ २४३ ॥

अथ

ब्रह्मप्रस्वेदजं वारि
तज्जगत्प्लावयेत्पुनः ।
तेनैव वारिणा देवि
जगदेकार्णवं भवेत् ॥ २४४ ॥

कालवह्न्यूष्मजोऽस्य प्रस्वेदः ॥ २४४ ॥

अथ

निशाक्षये पुनः स्थित्वा
सुखदुःखफलोदये ।

कर्मतः सर्वलोकस्य
ब्रह्मा लोकपितामहः ॥२४५॥
शून्यभूतां समालोक्य
भगवान्प्रभुरिच्छया ।
षड्विधां कुरुते सृष्टिं
यथापूर्वव्यवस्थया ॥ २४६ ॥

कर्मपरिपाकक्रमेण कर्मिणां सुखदुःखफलस्य उदयो यत्र तादृशो राज्यन्ते । स्थित्वा अनुपशान्तनिःशेषनिद्रासंस्कारो भूत्वा । कर्मतः परिपक्वादिच्छामात्रात् । षड्विधामिति नारकिस्थावरसरीसृपादिपश्वन्तां त्रिविधां क्रमात्क्रममपचितां तामसीं, तमोरजःसमाविष्टां मानवीं, रजःसत्त्वसमाविष्टां मौनीं, सात्त्विकीं तु दैवीम् । व्यवस्थयेति भुवनादिमर्यादया ॥ २४६ ॥

तत्र

प्रथमां तामसीं सृष्टिं
करोति तमसोत्कटान् ।

नरकान्विविधाकारान्

ततः अंशेन अंशेन तमसोऽनुत्कटस्वे

पशून्वै स्थावरान्तगान् ॥२४७॥

पशूनिति सरीसृपपक्षिमृगपशूनित्यर्थः ॥

ततोऽपि

तमोरजःसमावेशा-

न्मानवान्संसृजेत्पुनः ।

रजःसत्त्वसमाविष्टः

सृजेन्मुनिवरेश्वरान् ॥२४८॥

एवमियत्पर्यन्तं ब्रह्मणः क्रमात्क्रमं निद्रा-
संस्कारस्य अधिकाधिकतरत्वम् ॥ २४८ ॥

अथ

गतनिद्रः प्रबुद्धस्तु

सत्त्वनिष्ठो जगत्पतिः ।

सृजेद्देवान्सलोकांश्च

पूर्वयैव व्यवस्थया ॥ २४९ ॥

सह लोकैस्तन्निवासस्थानैर्वर्तन्ते ये तान् ।
एतच्च विशेषणं सिंहावलोकितन्यायेन पूर्व-

ऽपि सम्बध्यते । पूर्वव्यवस्था पैशाचादि-
ब्रह्मान्ता ॥ २४९ ॥

इत्थं षड्विधायां सृष्टौ निष्पन्नायां

ततो रुद्रेन्द्रसूर्येन्दु-
नक्षत्राणि ग्रहेश्वराः ।
अधिकारं प्रकुर्वन्ति
स्वे स्वे विषयगोचरे ॥ २५० ॥

पारमेशान्नियोगात्

दिने दिने सृजत्येवं

ब्रह्मा ॥

कालाग्निस्तु

संहरेच्च दिनक्षये ।

अस्य च ब्रह्मणः

दिनमानं च यत्प्रोक्तं
रात्रिसंख्या च तावती ॥ २५१ ॥

तदित्थम्

अहोरात्रेण चानेन
अब्दं वै पूर्ववत्स्मृतम् ।

शतत्रयेण षष्ट्यधिकेन ॥

अब्दानां तु शते पूर्णे
महाकल्पः स उच्यते ॥२५२॥
ब्राह्मे वर्षशते देवि
दिव्यान्यब्दानि मे शृणु ।
एकनवतिकोटिस्तु
तथा लक्षाणि विंशतिः ॥२५३॥
तथा सप्तैव खर्वाणि
निखर्वाष्टकमेव च ।
ब्राह्मं वर्षशतं चैत-
ज्ज्ञातव्यं कालवेदिना ॥२५४॥

दिव्यवर्षमानेन ब्राह्ममहः सन्ध्याकालं विना सविंशतिलक्षा कोटिरेकेत्युक्तं, रात्रिश्च तावतीति कोटिद्वयं सचत्वारिंशल्लक्षम् । एतद्दिनानां शतत्रयेण सषष्टिना गुणितमष्टौ वृन्दानि, षडर्बुदानि, चतस्रश्च कोटयो भवन्ति । सन्ध्याकालोऽपि षण्णवत्या सहस्रैर्य उक्तः, सोऽपि शतत्रयेण सषष्टिना कलितः संस्तिस्रः कोटयः, पञ्चचत्वारिंशल्लक्षाणि, षष्टिः सहस्राणि भवन्ति ।

सोऽपि सायंप्रातर्भेदाद्विगुणः सन्कोटयः षट् लक्षाण्येकनवतिर्विंशतिः सहस्राणि भवन्ति। उभयं वृन्दान्यष्टौ, अर्बुदानि सप्ततिरेकनवतिर्लक्षाणि, विंशतिः सहस्राणि भवन्ति ८७०९१२००००। एतदपि वत्सरसङ्ख्या शतेन कलितं निखर्वाण्यष्टौ खर्वाणि सप्त वृन्दस्थाने शून्यमेकनवतिः कोट्यो लक्षाणि विंशतिरिति ८७०९१२००००००। इत्थमेषा यथोक्तैव सङ्ख्या भवति। एकाङ्कनवतिः कोट्य इति अपपाठः॥

तदित्थं

दैविकेन तु मानेन
मानमित्थं प्रकीर्तितम्।

अथ एतदेव

लौकिकेन तु मानेन
पुनश्चैव निबोध मे ॥ २५५ ॥

तद्यथा

द्वात्रिंशदब्दकोट्यस्तु
तथा खर्वाष्टकं प्रिये।

खर्वद्वयं च देवेशि
निखर्वाः पञ्च एव तु ॥२५६॥
शङ्कुत्रयं पद्ममेकं
सागरत्रयमेव च ।

पूर्वोक्तैकनवतिकोट्या दैविकमानकलितस्य ब्राह्मवर्षशतस्य लौकिकवत्सरमानेन षष्टिशतत्रयकलनया उक्तैव सङ्ख्या आयाति । यत्तु श्रीभुल्लकः

'.........शाब्दकोट्यस्तु एकं चैवार्बुदं प्रिये ।
खर्वाशीतिस्तथा चैव निखर्वाणां च पञ्चकम् ॥
चतुष्टयं च शङ्कूनां त्रिंशत्सागर एव च ।'

इति अपठत्, तदसङ्गतत्वादुपेक्ष्यमेव ॥

इत्थं लौकिकाब्दमानेन

एतद्देवि समाख्यातं
ज्ञातव्यं च मुमुक्षुभिः ॥२५७॥

महाकल्पान्तावस्थितिदाय्यपि ब्राह्मं पदं संह्रियमाणत्वात्पर्यन्तविरसम्, एवं वक्ष्यमाणनीत्या अनाश्रितान्तमपीति सर्वथा स्वस्ति स्वप्नोपमेभ्यो भोगेभ्य इति मत्वा दिक्कालाकाराक-

लितचिद्घनपरभैरवस्वरूपसमापत्तिरेव मुमुक्षु-
भिराश्रयणीयेति तात्पर्यम् ॥ २५७ ॥

उपसंहरति

एतल्लौकिकमानेन
ब्राह्ममब्दशतं स्मृतम् ।

उक्तवक्ष्यमाणपरिमाणोपयोगिन्या एकादि-
परार्धान्तायाः सङ्ख्यायाः क्रमेण रूपं लक्षयति

एकं दशगुणं पूर्वं
शतं दशगुणं तु तत् ॥२५८॥
शतं दशगुणं कृत्वा
सहस्रं परिकीर्तितम् ।
सहस्रं दशगुणित-
मयुतं तद्धि कीर्तितम् ॥२५९॥
दशायुतानि लक्षं तु
नियुतं दश तानि च ।
दश तानि च कोटिः स्यात्
दश कोटिस्तथार्बुदम् ॥२६०॥

अर्बुदैर्दशभिर्वृन्दं
खर्वं दशभिरेव तैः।
दशभिस्तैर्निखर्वं तु
शङ्कुः स्याद्दश तानि तु ॥२६१॥
शङ्कुभिर्दशभिः पद्मं
दश पद्मानि सागरः।
सागरैर्दशभिर्मध्य-
मन्त्यं तैर्दशभिः स्मृतम् २६२
अन्त्यं दशाहतं कृत्वा
परार्धं परिकीर्तितम्।

उपसंहरति

एवमष्टादशैतानि
स्थानानि गणितस्य तु ॥२६३॥

भवन्तीति शेषः ॥ २६३ ॥

एवं प्रसङ्गात्सङ्ख्यास्वरूपमुपदर्श्य प्रकृतमाह

महाकल्पस्य पर्यन्ते
ब्रह्मा याति परे लयम्।

अवृत्तपरशक्तिपातः परे इति सापेक्षतया प्रकृष्टे समनन्तरे कारणे लीयते, वृत्तपरशक्तिपातस्तु परमशिवे

'.........परस्मिन् ब्रह्मणि व्रजेत् ।'

इति पूर्वग्रन्थेऽयमेव आशयः । एवमुत्तरत्रापि अनुसर्तव्यम् ॥

यश्च अयमेवमुक्तो महाकल्पः

विष्णोश्च तद्दिनं प्रोक्तं
रात्रिर्वै तत्समा भवेत् ॥२६४॥

ब्रह्माण्डानुविषयलोकस्थस्य ॥ २६४ ॥

किञ्च

अनेन परिमाणेन
तस्याब्दं तु विधीयते ।
अह्नां चैव शतत्रयेण सषष्टिना ॥
वर्षाणां च शते पूर्णे
सोऽपि याति परे लयम् २६५

इत्थं

विष्णोरायुर्यदेवोक्तं
रुद्रस्यैतद्दिनं भवेत् ।

रुद्रलोकस्थस्य ॥

स च

दिने दिने सृजत्यन्यौ
ब्रह्मविष्णू प्रजापती ॥ २६६ ॥

प्राक्सृष्टयोः परब्रह्मणि लयादन्यं विष्णुं सृष्ट्वा, तन्मूर्त्याविष्टो ब्रह्माणमप्यन्यं सृजतीत्यर्थः ॥

युक्तं च एतत् यस्मात्

ब्राह्मी च वैष्णवी शक्ति-
रधिकारपदं गता ।
यं चाधितिष्ठत्यात्मानं
तत्संज्ञां स प्रपद्यते ॥ २६७ ॥

चो भिन्नक्रमः । पारमेश्वरी ब्राह्मी वैष्णवी च शक्तिर्यमात्मानं पुद्गलमधितिष्ठत्यधिकुरुते, स आत्मा तत्संज्ञामिति ब्रह्मत्वं विष्णुत्वं च प्राप्नोतीत्यर्थः ॥ २६७ ॥

प्राप्य च तद्रूपत्वमसौ

तदाधिकारं कुरुते
इच्छया परमात्मनः ।

परमात्मनो निर्णीतस्वरूपस्य परमशिवस्य ननु परेच्छाधिष्ठितोत्तरोत्तरकारणस्य इच्छया ॥

यथाच ब्रह्मविष्णू पारमेश्वरी ब्राह्मी वैष्णवी शक्तिः परमार्थतः, तथा विश्वमिदं पारमेश्वरशक्तिमयमेवेत्याह

ब्रह्मविष्ण्विन्द्ररुद्राश्च
विद्येशा ईश्वरस्तथा ॥ २६८ ॥
लोकाधिपाश्च देवेशि
तथाच भुवनाधिपाः ।
ग्रहादिमातरो रुद्रा
योगनक्षत्रराशयः ॥ २६९ ॥
शक्तियुक्तास्तु ते सर्वे
भवन्ति तदधिष्ठिताः ।
तत्पराक्रमवीर्यास्तु
स्वकीये तु पदे स्थिताः ॥२७०॥

लोकाधिपा इन्द्राद्या लोकपालाः । ग्रहादयश्च मातरश्चेति द्वन्द्वः, मातरो ब्राह्मयाद्याः । योगाः सुनफाद्या ज्योतिःशास्त्रप्रसिद्धाः । ते

सर्वे इति उक्तास्तया परमेश्वरेच्छया अधिष्ठिताः सन्तः शक्तियुक्ता निजनिजसामर्थ्यभाजो भवन्ति ॥ २७० ॥

पूर्वं ब्राह्म्या वैष्णव्या च अधिष्ठितत्वं ब्रह्मविष्ण्वोरुक्तम्, इदानीं तु ब्रह्मादिभिरपि सह सर्वेषां परशक्त्यधिष्ठितत्वमतश्च सर्वमिदं जगत्

शिवस्यैका महाशक्तिः
शिवश्चैको ह्यनादिमान् ।
सा शक्तिर्भिद्यते देवि
भेदैरानन्त्यसम्भवैः ॥ २७१ ॥

महती स्वातन्त्र्याख्या शक्तिः । शिवः प्रकाशानन्दघनः श्रेयोरूपः । चकारात् शक्तिरपि एका अद्वितीया अनादिमती च भेदैर्नानावैचित्र्यैर्भिद्यते ग्राह्यग्राहकाद्याभासतया स्फुरति ॥

शिवशक्त्यद्वयमयतां प्रासङ्गिकीमुक्त्वा प्रकृतमाह

एवं वै कुरुते सृष्टिं
रुद्रश्चैव दिने दिने ।

संहारं च दिनान्ते वै
सा च संसाररूपस्य
रात्रिर्वै तत्समा भवेत् ॥२७२॥

दिनरात्रिसाम्यमेव ईश्वरेच्छातः सूर्यसोमसञ्चारादिति टीकाकारमतमसमञ्जसं तत्तद्भुवनतदीश्वरप्रभाभास्वरेषु ब्रह्मादिलोकेषु सूर्यादीनां प्रकाशकत्वेन क्वापि अश्रुतत्वात् ॥२७२॥

इत्थं
दिनरात्रिप्रमाणेना-
नेन स्याद्वत्सरोऽस्य च ।
अस्येति रुद्रस्य ॥
वत्सराणां शते पूर्णे
शतरुद्रदिनक्षयात् ॥ २७३ ॥
सोऽपि याति परं स्थानं
यद्गत्वा निष्कलो भवेत् ।

रौद्रं वर्षशतं शतरुद्राणां दिनं, तस्य क्षयः पर्यन्तः ॥

तदन्ते च

तस्मिन्स्थाने पुनश्चान्य-
स्तत्समश्च प्रभुर्भवेत् ॥ २७४ ॥
रौद्रशक्तिसमायोगा-
द्ब्रह्मविष्ण्विन्द्रनायकः ।

तदित्थमहोरात्रादिकलनया

शतरुद्रास्तु देवेशि
स्वाब्दानां तु शतक्षये ॥२७५॥
ते प्रयान्ति परं तत्त्वं
ततोऽण्डं तु विनश्यति ।

शतरुद्रजीविताविधिर्ब्रह्माण्डस्थितिकाल इत्यर्थः ॥

कीदृगण्डमित्याह

सर्वभूतगुणाधारं
सर्वतत्त्वालयालयम् ॥ २७६ ॥
सपर्वतवनोद्यान-
द्वीपसागरमण्डितम् ।

विमानमालाकुलितं
ग्रहनक्षत्रमण्डितम् ॥ २७७ ॥
देवदानवगन्धर्व-
सिद्धविद्याधरोरगैः ।
ऋषिभिर्मानुषाद्यैश्च
सप्तलोकनिवासिभिः ॥२७८॥
नरकैश्चैव पातालै-
र्युक्तं भुवनमण्डितम् ।

सर्वेषां भूतानां पृथ्व्यादीनां, गुणानां च शब्दादीनां, भूतगुणानां च पाण्डित्यशौर्यादीनामाश्रयः, तथा सर्वतत्त्वालयानां षट्त्रिंशत्तत्त्वमयानां नानाशरीराणामालयो निवासरूपः ॥

ईदृशं च
अशेषभुवनाधार-
मण्डमप्सु प्रलीयते ॥ २७९ ॥

एवं च यथोत्पादं तत्त्वानि स्वकारणेषु लीयन्ते । यद्वक्ष्यति

'आपस्तेजसि लीयन्ते..........।' (११।२८४)

इत्यादि ॥ २७९ ॥

इत्थं शतरुद्रान्तायां स्थितौ संहृतायां ब्रह्माण्डोर्ध्वाधरकर्परिकोपरिवर्ती संहर्तृरूपः

ततः कालाग्निरुद्रश्च
कालतत्त्वे लयं भजेत् ।

अशेषविश्वकलनाकारित्वात्कालश्च असौ तत्त्वं च तदिति कालतत्त्वमकालकलितः परमेश्वरः ॥

यद्येवम्, अब्बादितत्त्वसंहारं कः करोतीत्याशङ्क्य आह

अप्तत्त्वात्तु समारभ्य
यावन्मायान्तगोचरम् ॥२८०॥
तत्सर्वं संहरेत्कालः
स्वयमेव चराचरम् ।

काल इति अशेषविश्वकलनः परमेश्वर एव ऊर्ध्वोर्ध्वभुवनेशमूर्तिमाविश्य अधोऽधोवर्तितत्त्वसंहारं क्रमेण करोतीत्यर्थः । एतच्च अग्रे व्यक्तीभविष्यति ॥

शुद्धेऽध्वनि कः संहर्तेत्याह

तदूर्ध्वे शुद्धमध्वानं
यावच्छक्त्यन्तगोचरम् ॥२८१॥
तत्सर्वं संहरेद्धोर-
मघोरो घोरनाशनः ।

शक्त्यन्तस्य अध्वनो घोरमिति विशेषणात् मायादिक्षित्यन्तस्य घोरतरत्वमिति अर्थादवगतम् । न विद्यते घोरं भेदसंस्पृष्टं रूपं यस्य सोऽघोर इत्ययमर्थो घोरनाशन इत्यनेन व्याख्यातः। अत्रापि च यथोत्तरमीश्वरसदाशिवादितत्त्वेश्वरमूर्त्याविष्ट एव अघोरभट्टारकः अधराधरतत्त्वं संहरतीत्यर्थो वक्ष्यमाणग्रन्थसङ्गत्या बोद्धव्यः ॥

प्रसङ्गागतं संहर्तृविचारमुपसंहरति

त्रिष्वेवं संस्थितो रुद्रः
कालरूपी महेश्वरः ॥ २८२ ॥

त्रिषु पृथ्वीमायाशक्त्यन्तेषु पदेषु । एव-

मिति संहर्तृतया । रुद्र इति कालाग्निरुद्रो भुवि, कालरूपी मायान्तं पदं कलयन्ननन्तभट्टारकः, शक्त्यन्तेषु महेश्वरः । अथवा एको महेश्वरो रोदनद्रावणकारित्वाद्रुद्रस्त्रिषु पदेषु कालरूपी संहर्ता कालाग्निरुद्रादिवैचित्र्येण स्थित इत्यर्थः ॥ २८२ ॥

एवं प्रासङ्गिकमर्थमुपसंहृत्य प्रकृतमनुसरति

ततः संहरते तोय-
ममरेशशतात्यये ।

तेजस्तत्त्वाधिष्ठितो रुद्रः अमरेशसम्बन्धिवर्षशतसङ्ख्यातस्वदिनान्ते तोयं जलतत्त्वं संहरतीत्यर्थः । अमरेशस्य च शतरुद्रायुष्कालपरीमाणं दिनमिति तदनुसारेण प्राग्वद्वर्षं, तच्छतमायुस्तदपि तेजस्तत्त्वाधिपतेर्दिनमित्यादि उत्तरोत्तरं क्रमेण अनुसरणीयम् । 'अमरेशः शतात्यये' इति अपपाठः स्वशतात्यये तस्य संहर्तृत्वायोगात्तदधरवर्तिशतरुद्रात्ययेऽपि तोयतत्त्वसंहाराभावात् ॥

तदेव आदिशति

एवं भूताद्यावरण-
पतयश्च शतात्यये ॥ २८३ ॥
संहरन्ति च देवेशि
सृजन्ति च परस्परम् ।

भूततन्मात्राद्यावरणेश्वरा यथोत्तरमेश्वराणि अधराधरतत्त्वानि तदीश्वरसंबन्धिवर्षशतान्तरूपे स्वदिनान्ते संहरन्ति, पुनस्तावत्कालस्वरात्र्यन्ते अन्यानि सृजन्ति । कश्चित्तु

'एवं भूतपतीनां तु शते वर्षशतात्यये ।
यातैस्तैर्निष्कलस्थानं ततो भूतानि शाङ्करि ॥
संहरन्ति च देवेशि सृजन्ति च परस्परम् ।'

इति पाठः । अत्रापि यथोत्तरमधराधरगतानि तत्त्वानीति व्याख्येयम् ॥

तत्त्वानां परस्परलयात्मकं संहारं स्फुटयति

आपस्तेजसि लीयन्ते
तत्तेजश्चानिले पुनः ॥ २८४ ॥
तथानिलोऽम्बरं प्राप्य
सह तेनैव लीयते ।

तन्मात्रेषु प्रलीयन्ते
यथोत्पन्नानि च क्रमात् ॥२८५॥
तन्मात्राण्यप्यहङ्कारे
सेन्द्रियाणि यथाक्रमम् ।
स बुद्धौ सा च गहने
गुणसाम्ये प्रलीयते ॥ २८६ ॥
गुणसाम्यमनिर्देश्य-
मप्रतर्क्यमनौपमम् ।
तस्मिञ्जगदशेषं तु
प्रसुप्तमिव तिष्ठति ॥ २८७ ॥

सह तेनैव लीयते इति तेन अन्तःकृतपृथिव्य-स्तेजोरूपतत्त्वत्रयेण वायुना सह व्योम लीयते । क्व लीयते इत्यत आह तन्मात्रेषु इति । प्रलीयन्ते इति बहुवचनस्य प्रशब्दस्य च अयमाशयः—यत् व्योम तल्लीनानि पृथिव्यप्तेजोवायुतत्त्वानि स्वकारणेषु तन्मात्रेषु प्रकर्षेण लीयन्ते तन्मयानि भवन्ति । यथोत्पन्नानीति एकत्वादिक्रमेण यथा जातानि, तथैव । तेन पृथ्वी तन्मात्रपञ्चके,

आपश्चतुष्टये, तेजस्त्रये, वायुस्तद्वये, व्योम शब्दतन्मात्रे। गन्धो रसतन्मात्रे, तथा उपस्थः पायौ, पायुः पाणावित्यादिक्रमोऽनुसर्तव्यः। गहने इति प्रधानतत्त्वे। उपमैव औपमम्। इत्थं क्ष्मादिबुद्ध्यन्ते प्रकृतिविश्रान्ते सति तावदन्तमशेषं जगद्गाढनिद्रामूढमास्ते ॥ २८७ ॥

इत्थं प्रकृत्यन्ते संहृते सति

परमाणुप्रमाणेन
लीनं संतिष्ठते जगत्।

परमाणुना अत्यन्तमणीयसा परमपेलवेन च इन्द्रियाद्यगोचरेण रूपेण जगत् चराचरं प्रलीनमास्ते ॥

यच्च प्रकृतितत्त्वनिविष्टानां रुद्राणां पूर्वोक्तकलनया आयुः, तत्

षड्विंशकस्य रुद्रस्य
चैतद्दिनमिह स्मृतम् ॥२८८॥

गुणतत्त्वेन सह प्रधानान्तं तत्त्वपञ्चविंशतिगर्तानां पञ्चविंशत्या प्रघट्टकैरवस्थितानां स-

वैषां रुद्राणां स्वामी श्रीकण्ठनाथ इह षड्विंश-कोऽभिप्रेतः ॥ २८८ ॥

अस्य

प्रजाः प्रजानां पतयः
पितरो मानवैः सह ।
साङ्ख्यज्ञानेन ये सिद्धाः
वेदेन ब्रह्मवादिनः ॥ २८९ ॥
छन्दः सामानि चोङ्कारो
बुद्धिस्तद्देवताः प्रिये ।
अक्षि तिष्ठन्ति ते सर्वे
परमेशस्य धीमतः ॥ २९० ॥

प्रजाः प्रजायमानानि चतुर्दशविधभूतानि । पतयो भुवनेशाः । पितरो मन्वाद्याः । प्रजाग्र-हणसङ्गृहीतानामपि मानवानां पुनरुपादानं वै-चित्र्योत्थापककर्मकारित्वेन संसारे प्रधान-त्वात् । साङ्ख्यज्ञानं प्रकृतिपुरुषविवेकप्रत्ययः । वेदेन ब्रह्मवादिन इति

'पुरुष एवेदं सर्वम् ।' (ऋ० १०।९०।२)

इति ब्रह्म ये वदन्ति वेदान्तविदः । तद्देवता इति बुद्धितत्त्वगता ब्रह्माद्या देवयोनयः । परमेशस्येति भुवनाध्वनि वर्णितमाहात्म्यस्य अह्नि तिष्ठन्ति दिनारम्भेऽभिव्यज्यन्ते ॥२९०॥

किञ्च अस्य

दिनान्ते ते प्रलीयन्ते

पुनरपि च

रात्र्यन्ते विश्वसंभवः ।

अथ अव्यक्ततत्त्वस्थरुद्रसम्बन्धिदिनावधेर्मानुष्येण दिव्येन च अब्दमानेन कलयितुमशक्यत्वात् बुद्धितत्त्वगतब्रह्मसम्बन्धिभिः प्रलयोद्भवैः सङ्कलनां कर्तुमाह

षट्त्रिंशत्तु सहस्राणि
ब्रह्मणां प्रलयोद्भवाः ॥ २९१ ॥
अव्यक्ते च दिनं प्रोक्तं
रुद्राणां तन्निवासिनाम् ।

पूर्वोक्तनीत्या बुद्धितत्त्ववर्ती ब्रह्मा गुणतत्त्वगतरुद्रदिनान्ते संह्रियते, तद्दिनारम्भे च

अन्यः सृज्यते इति तदीयेऽब्दे सषष्टिशतत्रयं धीगतब्रह्मणां प्रलयोल्लासा भवन्ति । तावांश्च गुणतत्त्ववासिरुद्राणां जीवितावधिः । सच अव्यक्तनिष्ठरुद्राणां दिनकालः । तदिदं यदीदृगव्यक्तस्थरुद्राणां दिनमुक्तं, तस्य च अवान्तर उच्यते ब्रह्माण्डप्रलयप्रधानप्रलयमध्यवर्ती जलादिगुणान्ततत्त्वविषयो विचित्रो यः संहार उक्तः, सोऽवान्तरप्रलयो मन्तव्यः ॥

कस्तस्य प्रलयस्य तदन्ते च सृष्टेः कर्तेत्याह

तस्मिन्संहरते सर्वं
प्रधानस्य दिनक्षये ॥ २९२ ॥
रात्र्यन्ते च सृजेद्भूयः
श्रीकण्ठो विश्वनायकः ।

यथाच अस्य गुणमस्तकवर्तिनोऽपि विश्वनायकत्वं, तथा दशमपटले वितत्य दर्शितम् ॥

अथ

तस्याप्यनेन न्यायेन
परिमाणस्थितिर्भवेत् ॥२९३॥

यस्मात्प्रलयकोट्यश्च
व्यतीताश्च सहस्रशः ।

अनेन न्यायेन स्थितिरिति सषष्टिशतत्रय-दिनसङ्ख्याब्दशतावधिः । प्रलयकोट्य इति अधोवर्तितत्त्वतत्त्वेशगताः ॥

एतदवध्यन्ते च

ततो नियतिकालौ च
रागो विद्या कला तथा ॥२९४॥
परस्परं लयं यान्ति
क्रमात्सर्वे स्वमानतः ।

तत इति श्रीश्रीकण्ठीयाधिकारसमाप्तौ । क्रमादिति कलाद्यानुलोम्यक्रमेण यत् कञ्चुक-पञ्चकं देशवैचित्र्येण अवस्थितं, तत् नियत्यादि-प्रातिलोम्यक्रमेण चूर्णपाषाणजलवत् परस्परं लीयते । स्वमानत इति कञ्चुकवासिसर्वरुद्रस-म्बन्धिशतवर्षान्ते । अनेन च एतद्दर्शितं—य-त्सर्वेषां कञ्चुकवासिनां सपुंस्तत्त्वरुद्राणां युगप-देव च प्रलय इति । तथाच पूर्वं तेषां

'तस्मात्कला समुत्पन्ना विद्यारागौ तथैव च ।
कालो नियतिरव्यक्तं च पुरुषः प्रकृतिस्तथा ॥' (११।६४)

इति सृष्टिरपि युगपदेव उक्ता । भुवनादिदेश-व्यवस्था तु पृथगिति तदाशयेन क्रमात्सर्वे इति इह उक्तम् ॥

तदित्थं

कलाद्यवनिपर्यन्तं
गहनेशादिनक्षये ॥ २९५ ॥
नानाभुवनविन्यास-
रचनादिविभूषितम् ।
सगुणाधारपर्यन्त-
रुद्रक्षेत्रज्ञसङ्कुलम् ॥ २९६ ॥
गहनेशे लयं याति
मूलप्रकृतिकारणे ।

गहनेशो मायातत्त्वगः आद्यो रुद्रः । रच-नादीति आदिशब्दाद्विभवः ।

'अधश्छादनमूर्ध्वं च रक्तं शुक्लं विचिन्तयेत् ।
मध्ये तमो विजानीयाद्गुणास्त्वेते व्यवस्थिताः ॥'(२।६६)

इति पूर्वोक्तनीत्या आधारो माया, स पर्यन्ते यस्य तद्गुणाधारपर्यन्तं कलातत्त्वं सहगुणाधा-

रर्पर्यन्ता ये रुद्रक्षेत्रज्ञास्तैः सङ्कुलम्। गहनेशो इति गहन ईशः प्रभुर्यस्य, तस्मिन् गहनेशो मायातत्त्वे मूलप्रकृतेः प्रधानस्यापि कारणे ॥

तच्च तथालीनं सत्

राज्यन्ते जायते भूयो
गहनेशप्रचोदनात् ॥ २९७ ॥

तदित्थमस्य

अहोरात्रस्त्वयं प्रोक्तः
प्राकृतः परमेश्वरि ।

प्रकृतिरिह विशेषाचोदनात् कलादिक्षित्य-न्तस्य विश्वस्य कारणं माया उच्यते, तस्या अयं प्राकृतो मायीयः ॥

तद्गतश्च यो रात्रिकालः

प्रलयश्च स एवोक्तो
भूतानां परमेश्वरि ॥ २९८ ॥

कलातत्त्वान्तानां सर्वेषां प्रकृष्टचिरतरका-लानामधस्तनकालापेक्षया कलयितुमशक्यत्वात् प्राधानिककालमवधिं कृत्वा कलयितुमाह

प्राधानिकपरार्धेन
दशधागुणितेन तु ।
माया संहरते सर्वं
पुनश्चैव सृजेज्जगत् ॥ २९९ ॥

प्रधानस्य अयं प्राधानिकः कालः, तस्य यत् परार्धं पूर्वोक्तः सङ्ख्याविशेषस्तेन । दशधागुणितेनेति दशपरार्धगुणितेन प्राधानिककालेन मायाया दिनं, रात्रिश्च तावती भवतीत्यर्थः । एतदुक्तं भवति—प्रधानाधिष्ठातृरुद्रायुष्कालो यः कञ्चुकनिवासिनां दिनं, तत् सषष्टिशतत्रयकलितमब्दस्तच्छतेन तदायुरिति अत्र न ईदृशी कलना क्रियते, अपितु स कञ्चुकवासिदिनात्मा प्राधानिकः कालः परार्धदशकेन गुणितः कञ्चुकवासिनामायुः, तच्च गाहनिकं दिनमित्ययमत्र पूर्वतो विशेषो दर्शितः । इत्थं च परार्धदशकगुणितो यः प्राधानिककालस्तस्य शततमो भागः कञ्चुकवासिनां वर्षं, तस्यापि षष्ट्यधिक-त्रिशततमो भागोऽत्र दिनमिति इत्थमत्र वर्षदिनादिव्यवस्था कार्या ॥ २९९ ॥

एवमुक्तपरार्धदशकगुणितं तत् गहनेशदिनं, तत्कलनया वर्षं, तच्छतरूपो यो गहनेशाव-स्थितिकालः; स एव तदाश्रयस्य मायातत्त्वस्य कालः। तमवधिं कृत्वा ईश्वरतत्त्वाधिष्ठातुरीश्व-रस्य दिनपरिमाणं दर्शयितुमाह

मायाकालपरार्धस्य
शतधागुणितस्य च।
ईश्वरः कुरुते सृष्टिं
पुनश्च संहरेज्जगत् ॥ ३०० ॥

अत्रापि मायाया योऽवस्थितिकालस्तस्य यत् परार्धं तस्य शतधागुणितस्येति परार्धशतस-ङ्ख्यातस्य । तावत्कालमीश्वरः सृष्टिं स्वदिने, संहारं स्वरात्रौ शुद्धविद्यातत्त्वान्तस्य विश्वस्य करोतीत्यर्थः। शतधागुणितस्येत्युक्तेरयमाशयः— यत्किल मायावधिः कालः परार्धैर्दशभिर्गुणितो विद्यातत्त्वाधिपतेरनन्तनाथस्य अधिकारकालः, तत्रापि पूर्ववद्भागकलनया वर्षदिनप्रविभागो ज्ञेय इत्येवंविधो योऽनन्तनाथाधिकारकालः,

सोऽपि परार्धदशकगुणित ईश्वरस्य दिनमिति । अत्रापि उक्तक्रमानुसारिवत्सरतच्छतात्मा ईश्वराधिकारकालः ॥ ३०० ॥

सोऽपि प्रक्रान्तरीत्या परार्धशतगुणितः सदाशिवनाथस्य दिनमिति तदन्तेऽसावधोवर्ति विश्वं संहरतीत्याह

ततः सदाशिवो देवः
स्वमानेन च संहरेत् ।
सृजते च पुनर्भूय
आत्मीये देव्यहर्मुखे ॥ ३०१ ॥

स्वमानेनेति अवतरणिकायामेव व्याख्यातम् । पुनर्भूयः भूयो भूय इत्यर्थः ॥ ३०१ ॥

तदित्थं

महाप्रलय एवोक्तः
सादाख्ये तु दिनद्वये ।

पूर्वोक्तमायीयप्रलयापेक्षया अयं महान् शुद्धाध्वनोऽपि संहरणात् ॥

अनेन च परिमाणेन अयमपि स्ववर्षशतान्ते
बिन्दुतत्त्वे लयं याति
पञ्चमन्त्रमहातनुः ॥ ३०२ ॥

बिन्दुतत्त्वे इत्यभिधानात्तदधोगतो भुवनाख्यो प्रतिपादितः, स्थूलः सदाशिवोऽत्र विवक्षितः । बिन्दुतत्त्वे लयं याति बिन्द्वीश्वररूपतामाविशति ॥ ३०२ ॥

तथाविधश्च असौ

बिन्दुं चैवार्धचन्द्रं तु
भित्त्वा चैव निरोधिकाम् ।
नादतत्त्वे लयं याति
गृहीत्वा सचराचरम् ॥ ३०३ ॥

बिन्द्वर्धचन्द्रनिरोधिकाभूमीः क्रमात्क्रमं परार्धशतगुणितपरिमाणदिनादिव्यवस्थाकलितावस्थितीराविश्य स्थूलः सदाशिवभट्टारको नादात्मनि सूक्ष्मे सदाशिवपदे लीयते तदात्मा जायते इत्यर्थः ॥ ३०३ ॥

सोऽपि च

नादः सौषुम्नमार्गेण
भित्त्वा ब्रह्मबिलं प्रिये ।
शक्तितत्त्वे लयं याति
शक्तितत्त्वदिनक्षये ॥ ३०४ ॥

नादात्मा सूक्ष्मः सदाशिवनाथः पूर्वोक्तकलनागणितसुषुम्नेशदिनान्ते तद्रूपतां श्रित्वा तथैव तदवधिकालगणनागणितब्रह्मेशदिनान्ते ब्रह्मरन्ध्रस्थब्रह्मरूपतां श्रित्वा तदीयावस्थितिकाले तथैव गणिते यच्छक्तितत्त्वस्थदेवतादिनं, तदन्ते तन्मयीभवतीत्यर्थः ॥ ३०४ ॥

अथ शक्तितत्त्वदिनावधिः कियान्कालः स्यादित्याह

परार्धः सतु विज्ञेयः
कालस्तु वरवर्णिनि ।

पूर्वं

'प्राधानिकपरार्धेन दशधागुणितेन च ।' (११।२९९)

इति, तथा

'मायाकालपरार्धस्य शतधागुणितस्य च ।' (११।३००)

इति उक्तत्वात् शक्तितत्त्वदिनान्तात्मा कालः परार्धपरार्धात्मा अतिविततसङ्ख्यो विज्ञेयः, नतु एकपरार्धमात्ररूपः पूर्वोक्तव्याघातापत्तेः । तथाहि भुवनाध्वनि तत्त्वानामुत्तरोत्तरं देशप्रमाणे प्रकर्ष उक्तस्तथेह स्थित्यादिकालोऽप्युत्तरोत्तरं प्रकृष्यत एवेत्यस्य ग्रन्थस्य तात्पर्यम् । इत्थं परार्धपरार्धमानं शक्तिदिनं, तावत्येव च

तदीया रात्रिरनया कलनया परार्धशतं, तदन्ते शक्तितत्त्वाधिष्ठातृसूक्ष्मदेवताधिकारपरिसमाप्तिः ॥

तत्र शिवतत्त्वस्थस्य
व्यापीशस्याप्यहर्मुखम् ॥३०५॥

तत्र असौ

ततश्च संसृजेद्भूयो
व्यापी व्योमस्वरूपिणि ।
लीयते सोऽप्यनन्तेशे
सोऽनाथे सोऽप्यनाश्रिते ३०६

स्वाधिकारपरिसमाप्तौ लीयते ॥ ३०६ ॥

अथ अस्य अनाथान्तविश्वाश्रयस्य अनाश्रितनाथस्य कियद्दिनं स्यादित्याह

शक्तिकालपरार्धस्य
कोटिधागुणितस्य च ।
अनाश्रितस्य देवस्य
दिनमेतत्प्रकीर्तितम् ॥३०७॥

यः परार्धपरार्धात्मा शक्तिकाल उक्तस्तस्य प्रकरणात् परार्धकोटिगुणितस्य यः कालः, तदनाश्रितस्य दिनम् ॥ ३०७ ॥

अथ

अनेन परिमाणेन
परार्धगुणितेन तु ।
सोऽपि याति परं स्थानं
कारणं स्वमनाश्रयम् ॥ ३०८ ॥

परार्धपरार्धरूपो यः शक्तिकालः परार्धकोट्या गुणितोऽनाश्रितदिनात्मा, सोऽपि परार्धेनेति परार्धपरार्धेन गुणितोऽनाश्रितस्य अधिकारकाल इति तच्छतभागतत्सषष्टित्रिशतभागाकर्षणा-दस्य वर्षदिनव्यवस्था प्राग्वदनुसरणीया। तदि-त्थमतिविततकालाध्वगतस्वाधिकारकालपरिस-मासावनाश्रितनाथः स्वमनाश्रयं, कारणमिति

'अत्रारूढस्तु कुरुते शिवः परमकारणम् ।
सृष्टिं .... ॥' (१०।१२५८)

इत्याद्युक्तनीत्या परमशिवमेव, तिष्ठति अस्मि-न्विश्वमिति व्युत्पत्त्या स्थानं, याति तदेकात्मा भवति ॥ ३०८ ॥

यश्च अयमियतीमतिविततविततामध्वधा-रामधिरूढः

स कालः साम्यसंज्ञश्च

यथा गुणानां साम्यं प्रधानं, तथा सर्वेषां सृष्टिस्थितिसंहारक्रियाकलनाभासानां यत् साम्यं प्रकर्षापकर्षशून्यं वपुः, तत् साम्यं ज्ञेयम्। समताश्रयः साम्येन, कल्यमानत्वादेव च कालशब्देन उक्तः ॥

वैषम्यनिवृत्त्यात्मकसाम्यात्मकत्वादेव च अयं

जन्ममृत्युभयापहः ।

समापन्नस्येत्यर्थः ॥

अथ

ततोऽप्यूर्ध्वममेयस्तु
कालः स्यात्परमावधिः ॥३०९॥
नित्यो नित्योदितो देवि
अकल्यश्च न कल्यते ।

साम्यसंज्ञः कालः प्रशान्तनिःशेषवैषम्यात्मतया कल्यमानत्वात् प्रमेयस्तथा नायम्, अत एव परमोऽवधिः सर्वप्रमेयप्रमात्रादिप्रतिष्ठापदमुन्मनापरतत्त्वसामरस्यात्मपरप्रमातृरूप इत्यर्थः । चो ह्यर्थे । यतो न कल्यते, अत एव अकल्यः ॥

कथं तर्हि कालशब्दोऽत्र प्रवृत्त इत्याह

स चाधः कलयेत्सर्वं
व्यापिन्यादिं धरावधिम् ॥३१०॥
तुट्यादिभिः कलाभिश्च
देव्यध्वानं चराचरम् ।

साम्यसंज्ञं कालं भित्तिभूतमवधिमाश्रित्य तदधःस्थितं व्यापिन्यादिं सर्वमिति धरान्तमध्वानं यतः कलयत्यन्तः प्रकाशैकात्म्येन स्थितं बहिर्वै-चित्र्यशतैः प्रक्षिपति, बहिराभासितं च अन्तः क्षिपति नानात्वेन च परिगणयति, यत एव सर्वं कलयति ततोऽयं काल उच्यते इत्यर्थः ॥

एतदेव अधिकावापेन अनुवदन्नुपसंहरति

ऊर्ध्वमुन्मनसो यच्च
तत्र कालो न विद्यते ॥३११॥
न कल्यः कल्यते कश्चि-
न्निष्कलः कालवर्जितः ।
यः शाङ्कर्युन्मनातीतः
स नित्यो व्यापकोऽव्ययः ३१२

उन्मनसः सम्बन्धि ऊर्ध्वं परतत्त्वात्मकं य-

स्पदं तत्र कलनाहेतुः कालो नास्ति यस्मान्न तत्र कल्यः कलनार्हः कोऽपि कल्यते सर्वस्य तत्र परमशिवैकात्म्येनैवावस्थितेः । यतश्चायम- प्रमेयत्वासुव्यादिकलाभ्यः कालावयवरूपेभ्यो निष्क्रान्तस्तेन क्रमाद्यवभासात्मककालवर्जितः, तद्रूपो न भवति केवलं प्रोक्तव्याख्यासतत्त्ववि- श्वकलनाकारित्वात्कालः इत्युक्तः । अव्यय इति अपरिक्षीयमाणमूर्तिः । उक्तं च योजनिकायां

'सर्वकालं तु कालस्य व्यापकः परमोऽव्ययः ।
उन्मनान्ते परे योऽयो न कालस्तत्र वर्तते ॥' (४।२८७)

इति ॥ ३१२ ॥

यस्मात्

तस्यादौ यादृशं रूपं
कल्पान्ते चैव तादृशम् ।

आदौ सृष्टिकाले ॥

किञ्च

अरूपो रूपनिर्मुक्तः
सोऽनादिर्भववर्जितः ॥ ३१३ ॥

सर्वज्ञः सर्वकर्ता च
दानादिगुणवर्जितः ।

रूप्यन्ते इति रूपाणि देशकालाकारनियमा न विद्यन्ते यस्य, अत एव रूपेभ्य इदमीदृगित्यादिरूपव्यापारेभ्यो निर्मुक्तः, यतोऽनादिस्तत एव भवेनोत्पादेन वर्जितोऽसंस्पृष्टः। सर्वज्ञ इति प्राग्वत्। सर्वेण रूपेण कर्ता सर्वात्मना स्वतन्त्रः । चकारो ज्ञत्वकर्तृत्वयोः सामरस्यमाह। यश्च व्यतिरिक्ते ज्ञेये कार्ये ज्ञाता कर्ता च, असावनादिभिः प्रवाहनित्यतया वर्तमानैर्गुणैर्मायाधर्मैर्युक्तो भवति। अयं तु अभेदसर्वज्ञसर्वकर्तृत्वात्मकत्वात्तैरसंस्पृष्टः ॥

एवमपि ततो नान्यत्किञ्चिदस्ति, अपितु

स एवापररूपेण
स्वस्वातन्त्र्यात्स्फुरन्नपि
उन्मन्या मूर्ध्नि संस्थितः ॥२१४॥

अतश्च अयं

देवदेवो जगन्नाथः
परमात्मा शिवोऽव्ययः ।
पूर्वानुक्रमयोगेन
सोऽकामात्सृजते जगत् ॥२१५॥

जगता कालाग्न्यादिशिवान्तेन नाथ्यते इति

जगन्नाथः। पूर्वानुक्रमयोगेनेति समनापदमारुह्य तत्तत्कारणमूर्त्याश्रयणेनेत्यर्थः। अकामादित्थमिदमेवमहं करोमीति सङ्कल्पं विना। शिष्टं प्रागेव व्याख्यातप्रायम् ॥ ३१५ ॥

अकामादित्याक्षिपन्ती श्रीदेवी उवाच

अकामस्य क्रिया नास्ति
निष्क्रियश्च सृजेत्कथम्।
एतं प्रश्नवरं गुह्यं
कथय स्व प्रसादतः ॥ ३१६ ॥

सर्वा गमनपचनादिक्रिया सङ्कल्पपूर्वा, सङ्कल्पश्च चिदानन्दघने भगवति नेष्टः, तत्कथमक्रियस्य स्रष्टृत्वं; अथच चित्प्रकाशात्मकपरमेश्वरस्वरूपव्यतिरिक्तस्य अन्यस्य सत्त्वमेव न घटते किमङ्ग कर्तृत्वम्। अत एतं प्रश्नानां मध्ये वरमुत्कृष्टं प्रश्नमेतन्निर्णयाच्च सर्वसंशयोच्छित्तिर्भवति प्रसादतस्तत्त्वार्थोन्मीलनेन कथयेति एतन्निर्णयमादिश ॥ ३१६ ॥

इत्थं पृष्टः श्रीभैरव उवाच

आदित्यस्य मणेर्यद्व-
त्तापिताद्वह्निरश्मिभिः।

वह्निः संजायते तस्मा-
द्रवेस्तत्र न कामिता ॥ ३१७ ॥
मणेरपि न कामित्वं
तद्वद्देवस्य चेष्टितम् ।

यः किल कुम्भकारादिः स्वव्यतिरिक्तं कार्यं किमपि प्रयोजनमुद्दिश्य जनयति, तस्य सङ्कल्पं विना तत्पूर्वकक्रियानुदयान्मा भूत् कर्तृत्वं; परमेश्वरस्य स्वतन्त्रभट्टारकस्य इदमेव परमेश्वरत्वं यदयं

'सृष्टिसंहारकर्तारं ·················· ।' (११३)

इत्याद्युक्तनीत्या स्वचिद्भित्तौ स्वातन्त्र्यशक्त्या दर्पणनगरवत् स्वानतिरिक्तमपि अतिरिक्तमिव शिवादिक्षित्यन्तमनन्तावान्तरवैचित्र्यचित्रितमाभासयंस्तावदशेषचमत्कारात्मकपूर्णानन्दघनस्वभाव एवेति वस्तुस्वभावमात्रसाम्येन सूर्यसंस्पृष्टसूर्यकान्तोत्थवह्निरत्र दृष्टान्तः ॥

तदाह

आदित्यवच्छिवो ज्ञेयः
शक्तिर्मणिरिव स्थिता ॥३१८॥

ननु जाड्यं भिन्नत्वं च दार्ष्टान्तिके शङ्कनीयं दृष्टान्तदार्ष्टान्तिकयोः सर्वसाधर्म्यायोगात् ॥

किञ्च

ऋतुकालमिताद्वृक्षा-
त्कालोऽङ्कुरनियोजकः ।
यद्वच्छिवसमायोगा-
त्तद्वच्छक्तेर्जगत्स्थितिः ॥३१९॥

ऋतुकालभाजस्तरोर्यथा अयं स्वभाव एव—यदङ्कुरादिवैचित्र्यवत्त्वं, तथा नित्यावियुक्तचिदानन्दात्मनोः शिवशक्त्योः स्वरूपमेव एतत् यत् कृत्यपञ्चकप्रपञ्चात्मना स्फुरणम् । तदुक्तं शिवसूत्रेषु

'स्वशक्तिप्रचयोऽस्य विश्वम् ।' (३।३०)

इति । इत्थं च एवंविधाशेषविश्वचमत्कारसारपरमशिवात्मकस्वचिद्भूमिविमर्शनं सर्वशास्त्रेषु परमोपादेयं जीवन्मुक्तिप्रदमुच्यते इत्याशयेन प्रश्नवाक्ये गुह्यमभिहितमिति शिवम् ॥३१९॥

शम्भोः पूर्णानन्दचिद्रश्मिराशेः
शक्तिर्भासाभासनात्मोच्छलन्ती ।
देवीत्रैवैकात्मरूपामिमां वा
स्वां सम्पूर्णां देवतामामृशामि ॥

इति श्रीस्वच्छन्दोद्योते एकादशः पटलः सम्पूर्णः ॥११॥

अथ

श्रीस्वच्छन्दतन्त्रम् ।

श्रीमन्महामाहेश्वराचार्यश्रीक्षेमराजकृतोद्योताख्य-
विवरणोपेतम् ।

(द्वादशः पटलः)

स्वात्मनि स्वेच्छया क्लृप्ततत्तत्तत्त्वस्फुटद्युतौ ।
स्वाभिन्ना भासयन्सिद्धीः स्वच्छन्दो जयति प्रभुः ॥

पटलसङ्गत्यर्थमुक्तमनुवदन्ती तत्त्वसिद्धि-
बुभुत्सया श्रीदेव्युवाच

सृष्टिः स्थितिश्च संहार-
स्तत्त्वानां कथितस्त्वया ।
जगत्संभवहेतुश्च

जगतस्तत्त्वभूतभावभुवनादिरूपस्य हेतुः परमकारणं परमशिवः ॥

एतच्च

त्वत्प्रसादाच्छ्रुतं मया ॥ १ ॥

प्रसादादि प्राग्वत् ॥ १ ॥

इदानीं तु

तत्त्वविज्ञानमाख्याहि
सिद्धिस्तेषु यथा भवेत् ।

विज्ञानं धारणादिक्रमेण साक्षात्कारः । तेष्विति तद्विषया सिद्धिर्यथा स्यात् ॥

एतद्वदितुं श्रीभैरव उवाच

पृथिव्यादि शिवान्तं च
कथयामि समासतः ॥ २ ॥

यथा देहे यथाच बहिः स्थितम् । समासतः सङ्क्षेपेण, विस्तरतस्तु अग्रे धारणावसरे भविष्यति ॥ २ ॥

तत्र

पृथ्वी कठिनरूपेण
शृणु देहे यथा स्थिता ।

यथा इति येन मांसादिना प्रकारेण ॥

तदाह

मांसेऽस्थिषु तथा चैव
स्नायुल्लोमनखेषु च ॥ ३ ॥

मज्जान्त्रेषु च विज्ञेया
पृथ्वी पञ्चगुणोत्कटा ।

एतच्च अग्रे स्फुटीभविष्यति ॥

कफासृगाममूत्रेषु
रसस्वेदवसासु च ॥ ४ ॥
शुक्रे च संग्रहे चैव
स्थिता आपश्चतुर्गुणाः ।

देहे इत्येव । रस आहारपानपरिणामोत्थ आद्यो देहधारको धातुः । संग्रहः पार्थिवादीनां मांसादिभावेन परिणतानां संश्लेषः ॥

पचने दहने चैव
तेजस्यूष्मणि संस्थितम् ॥५॥

आहारादेः पाकनिमित्तं महाक्षारजननात्मकदाहाय परासह्यदीप्तये उपलभ्योष्मसम्पत्तये च देहे तेजः स्थितम् ॥ ५ ॥

तेजस्त्वेवं स्थितं देवि
प्रकाशे च त्रिलक्षणम् ।

प्रकाशे इति नेत्ररश्मिद्वारेण वस्तुप्रथनाय ।

त्रयो रूपस्पर्शशब्दा लक्षणं यस्य । एतच्च
अदृष्टवशात् देहे अनुद्रिक्तरूपस्पर्शं स्पष्टम् ॥

वायुरुच्छ्वासनिःश्वास-
स्पर्शनव्यूहलक्षणः ॥ ६ ॥
मूत्रोच्चारविसर्गेषु
अन्नपानप्रवेशने ।

स्पर्शनं बाह्याभ्यन्तरस्पर्शग्रहणम् । व्यूहो
रचना । उच्चारो मलपरिणामः । विसर्गो
बहिष्कृतिः ॥

तदित्थं
वायुरेभिः स्थितो देहे
विज्ञेयस्तु द्विलक्षणः ॥ ७ ॥
एभिर्व्यापारैरुपलक्षितः । द्वौ शब्दस्पर्शौ
लक्षणं ज्ञप्तिहेतुर्यस्य स द्विलक्षणो द्विगुणः ॥७॥
एकलक्षणमाकाशं
कथयामि यथा स्थितम् ।

एकः शब्दो लक्षणं यस्य । तत्र पृथिव्याः
खटखटारूपः, जलस्य च्छलच्छलता, तेजसो
धगधगाकृतिः,वायोः शुकशुकास्वभावः, आका-

शस्य प्रतिश्रुत्काख्यः शब्दः; स्पर्शोऽपि पृथ्व्याः पाकजोऽनुष्णाशीतः, जलस्य शीतः, तेजस उष्णः, वायोरपाकजोऽनुष्णाशीतः; पृथ्व्याः सितादि नाना रूपं, जलस्य सितं, तेजसो भास्वरम्; पृथ्व्याः षड्विधो मधुरादिरसः, जलस्य मधुरः, पृथ्व्या एव तु सुरभिरूपो गन्ध इति। विशिष्टैरेव तैर्गुणैर्देहे पृथिव्यादिभूतानि लक्षणीयानि ॥

यथास्थितमित्युक्तं स्पष्टयति

सुषिरात्मकं तु विज्ञेयं
नवधाच्छिद्रलक्षणम् ॥ ८ ॥

नव च्छिद्राणि द्वाराणि ब्रह्मरन्ध्रचक्षुःश्रोत्रघ्राणास्यचूचुकनाभिलिङ्गगुदगतानि लक्षणं यस्य ॥ ८ ॥

इत्थं नवद्वारलक्षितं

शब्दात्मकं गुणं ह्येत-
त्कथितं तव सुव्रते।

एवं देहे भूतपञ्चकं प्रदर्श्य, तदुपस्थापकतत्प्रकाशकानि कर्मेन्द्रियबुद्धिमनांसि प्रकाश्येन्द्रियकारणभौतिकरूपादिप्रतीतिवशानुसे-

यानि रूपाद्यविशेषरूपाणि तन्मात्राणि उपपादयिष्यति । तत्र तावत्

वागिन्द्रियं वदेद्वाणीं
सा च वाणी चतुर्विधा ॥ ९ ॥
संस्कृता प्राकृती चैव
अपभ्रष्टानुनासिका ।

'संस्कृता नाम दैवी वागन्वाख्याता महर्षिभिः ।'

इति तत्रभवद्भर्तृहरिणा उक्ततात्पर्या संस्कृता। प्रकृतिभूताया वर्णलोपान्यथाभावादिक्रमेण आयाता प्राकृती । यदाहुः

'तद्भवस्तत्समो देशी त्रिविधः प्राकृतक्रमः ।'

इति। अपभ्रष्टा देशभाषा विचित्राः । अनुनासिका नासिकामनुगता गीयमानाक्षररूपा वर्णाङ्कमितिप्रसिद्धा ॥

छेदनं भेदनं दानं
व्यधनं शिल्पयोजनम् ॥१०॥
ग्रहणं विजयश्चैव
सर्वं हस्तेन्द्रिये स्थितम् ।

छेदनं रज्ज्वादिषु। भेदः शरादिकृतो लक्ष्या-
धिष्ठः। विजयो युद्धं। विजयी इति वा पाठः ॥

समनिम्नोन्नताश्चैव
लोष्टकण्टकवालुकाः ॥ ११ ॥
कर्दमो जलदुर्गाणि
रथ्याट्टालकपर्वताः ।
पादेन्द्रियेण गम्यन्ते
देशान्तरगमागमे ॥ १२ ॥

देशान्तरगमनागमननिमित्तं समनिम्नादि-
स्थानानि पादेन्द्रियेण गम्यन्ते ॥ १२ ॥

उत्सर्गे पर्दिते चैव
पायुर्वै चेष्टते सदा ।

उत्सर्गो मलमोक्षः । पर्दितं गुदरन्ध्रेण कु-
त्सितशब्दः ॥

आनन्दकृदुपस्थश्च
गम्यागम्यप्रवर्तकः ॥१३॥

आनन्दकृत्त्वादेव विहितनिषिद्धादौ सर्वत्र
प्रवर्तनमस्य स्वभावः, अत एव तन्नियमः शास्त्रे
क्रियते ॥ १३ ॥

तदित्थं

कर्मस्वेतानि वर्तन्ते
तेन कर्मेन्द्रियाणि तु ।

यथा च एतानि ईदृंशि, तथा

बुद्धीन्द्रियाणि देवेशि
वर्तन्ते बुद्धियोगतः ॥ १४ ॥

बुद्धेर्ज्ञानस्य योगः सम्बन्धस्तत्र तन्निमित्तं प्रवर्तन्ते ॥ १४ ॥

तत्र वितत्य शब्दाख्यविषयप्रभेदनिरूपणपूर्वं श्रोत्रेन्द्रियस्य तदुपलब्धिसाधनत्वमाचष्टे

षड्जाख्यर्षभगान्धार-
मध्यमाः पञ्चमः प्रिये ।
धैवतो निषधश्चैव
स्वराः सप्त प्रकीर्तिताः ॥१५॥
गान्धारो मध्यमः षड्ज-
स्त्रयो ग्रामाश्च पार्वति ।

इत्थं

सप्त स्वरास्त्रयो ग्रामा
मूर्छनाश्चैकविंशतिः ॥ १६ ॥

तान एकोनपञ्चाश-
दित्येतत्सुरमण्डलम् ।

तदित्थं

सूक्ष्मशब्दाः स्मृता ह्येते
चराचररवस्थिताः ॥ १७ ॥

सूक्ष्मध्वनिमात्ररूपाः, अत एव चराचरे सर्वत्र रवरूपतया ध्वनिमात्रावस्थिताः ॥ १७ ॥

अथ

स्थूलांश्चैव प्रवक्ष्यामि
यथावत्तान्निबोध मे ।
भेरीपटहशङ्खोत्थो
मृदङ्गपणवोत्थितः ॥ १८ ॥
वेणुगोमुखशब्दश्च
मन्दलो दर्दुरो ध्वनिः ।
तन्त्रीवाद्यानि चित्राणि
करवाद्यानि यानि च ॥ १९ ॥
संयोगजवियोगोत्थाः
काष्ठपाषाणवारिजाः ।

अपभ्रंशोऽनुनासिक्यः
संस्कृतः प्राकृतो रवः ॥ २० ॥

संयोगजा हुडुक्कादिहस्तसंगोत्थाः, विभागजास्तु दलादिविश्लेषोदिताः ॥ २० ॥

तदित्थं

सप्तस्वरप्रतिष्ठानि
व्यक्ताव्यक्तानि चैव हि ।
उक्तानुक्तानि गृह्णाति
श्रवणेन्द्रिययोगतः ॥ २१ ॥

वाद्यसंस्कृताद्यात्मकानि सर्वाणि शब्दरूपाणि सप्तस्वरात्मकध्वनिविशिष्टनिष्ठानि श्रोत्रेण पुरुषो गृह्णाति ॥ २१ ॥

ततश्च

शब्दोऽस्य विषयो ह्येष
येन बुध्येत पुद्गलः ।

एष प्रोक्तरूपः सर्वः शब्दोऽस्य श्रवणेन्द्रियस्य विषयः । कस्य अस्येति । आह येन पुद्गलः पुमान् बुध्येत जानीयात् । एवमुत्तरत्रापि संगतिः कार्या ॥

मृदुं च कठिनं चैव
कर्कशं शीतलं तथा ॥ २२ ॥
उष्णं च पिच्छिलं लोष्टं
कर्दमं वालुकास्तथा ।
शरकुन्तासिघातादि
ताडनं छेदनं तथा ॥ २३ ॥
एतानि वै विजानाति
स्पर्शनं च त्वगिन्द्रियम् ।

स्पर्शनं सत् जानाति स्पर्शनक्रमेण वेत्ती-
त्यर्थः ॥

तदित्थं
स्पर्शोऽस्य विषयो ह्येष
येन बुध्येत पुद्गलः ॥ २४ ॥

अथ
चक्षुरिन्द्रियकर्माणि
कथ्यमानानि मे शृणु ।
सितं रक्तं च पीतं च
कृष्णं हरितधूम्रकम् ॥ २५ ॥

कपिलं पिङ्गलं बभ्रु
    अन्यान्यपि विशेषतः ।
रूपाणि ॥
तथा
नरनारीपशुमृगा-
    ज्योतिःस्थावरजंगमम् ॥ २६ ॥
तदित्थं
रूपाकृतिविविक्तानि
    चक्षुः पश्यति सर्वदा ।
रूपं सितादि, आकृतिः संस्थानं; ताभ्यां
विविक्तानि विलक्षणानि वस्तूनि चक्षुः पश्य-
तीत्यस्य कर्तृत्वमुपचरितम् ॥
तदेवं
रूपाख्यो विषयो ह्यस्य
    येनात्मा प्रतिबुध्यते ॥ २७ ॥
मधुराम्लरसं चैव
    लवणं कटु तिक्तकम् ।
कषायमिश्रं स्वादुं च
    जिह्वा वेदयते रसम् ॥ २८ ॥

इत्थं

रसोऽस्य विषयो ह्येष
येन बुद्ध्येत पुद्गलः ।
सुरभिर्दिव्यगन्धश्च
दुर्गन्धश्चाप्यनेकधा ॥ २९ ॥
उभौ जिघ्रति नासाग्रे

नासा कर्त्री अग्रे स्थितावुभौ जिघ्रति ॥

अतश्च अस्य अयं

विषयो गन्धसंज्ञितः ।
येनासौ बुध्यते क्षेत्री
अहङ्कारेण मोहितः ॥ ३० ॥

शरीरादौ बद्धाभिमानत्वादेव व्यतिरेकेण विषयान्वेत्ति। एतच्च पूर्वत्रापि संबन्धनीयम् ॥

संकल्पे च विकल्पे च
दशधाक्षेषु धावति ।
अनिवारितसन्देह-
मजय्यं सर्वदेहिनाम् ॥ ३१ ॥

मनश्च कथितं ह्येत-
द्धर्माधर्मनिबन्धकम् ।

बुद्धिकर्मेन्द्रियविषये यः इदं श्रितमिदमादधे इति संकल्पः, यश्च इदमीदृशमिति निश्चयात्मा विकल्पः; अत्र धावति यथा तथा प्रवर्तते; अत एव एतत् अनिवारितसन्देहं सर्वत्र ससंशयं, ज्ञानयोगं विना यत् न केनचिज्ज्ञेतुं पार्यते; धर्माधर्माभ्यां निबध्नातीति तन्निबन्धकं तत्सङ्गमकृत् ॥

अथ इन्द्रियकार्यरूपाद्युपलब्ध्यनुसारेण देहे तन्मात्रावस्थितिं दर्शयितुमाह

स्वरूपधर्मं वक्ष्यामि
तन्मात्राणां यथार्थतः ॥ ३२ ॥

अर्थः प्रयोजनं तदनुसारेण तन्मात्राणां स्वरूपमुपागतनियताश्रयावस्थितिरूपं धर्मं स्वभावं वच्मि ॥ ३२ ॥

तत्र

गन्धं तु गन्धतन्मात्रं
नासिकाग्रेण जिघ्रति ।

जिह्वया रसतन्मात्रं
रसं गृह्णाति संस्थितम् ॥३३॥
चक्षुषा रूपतन्मात्रं
रूपं गृह्णात्युपागतम्।
गृह्णाति स्पर्शतन्मात्रं
त्वचा स्पर्शमुपागतम् ॥ ३४ ॥
शब्दं च शब्दतन्मात्रं
गृह्णाति श्रवणेन तु।

गन्धादिप्रतीतिसाधनघ्राणादीन्द्रियाश्रयनासिकादिक्षेत्रगतमदृष्टवशादुद्भूतगन्धतन्मात्रादिकं कर्तृ तेनैव घ्राणादिना गन्धादिगुणं गृह्णातीति संगतिः। अत्र च अयमाशयः—यदाहङ्कारिकत्वात् व्यापकत्वेऽपि इन्द्रियाणां गन्धतन्मात्राद्यवस्थितिनियमितं नासिकादिक्षेत्रमभिव्यक्तिस्थानमिति, तत एव समुद्भूतवृत्तिगन्धतन्मात्रनियमिता गन्धस्योपलब्धिर्भवतीति नियमिततन्मात्रोपरक्ताहङ्कारिकत्वमिन्द्रियाणाम्, अन्यथा साङ्ख्यवत्केवले आहङ्कारिकत्वे नियत-

विषयसंबन्धो न घटते नैयायिकवद्वा केवल-
भौतिकत्वे तु अहंप्रतीत्यनुगमो न स्यात् ॥

एतदुपसंहरति

सूक्ष्मस्तन्मात्रधर्मोऽयं
भूतानां प्रकृतिक्रमात् ॥ ३५ ॥

यतो भूतानां प्रकृतयस्तन्मात्राणि तत एव तत्तत्तन्मात्राधिष्ठिततत्तदिन्द्रियकारणकपृथिव्यादिभूतगतगन्धादिगुणोपलब्धिर्भवतीत्ययमिन्द्रियगतानां तन्मात्राणां सूक्ष्मः सर्वजनासच्चेतितो धर्मोऽस्ति ॥ ३५ ॥

देहे अहङ्कारस्थितिं दर्शयति

वैकारिकस्ततश्चोर्ध्वं
बुध्यते येन पुद्गलः ।
अहं विद्वानहं भोगी
त्वहं जातो महाकुले ॥ ३६ ॥

अहं दाता च भोक्ता च
तेजस्वी बलवानहम् ।

अहं योद्धा च संग्रामे
　　शत्रवश्च मया जिताः ॥ ३७ ॥

धर्मशीलश्च गुणवान्
　　श्रेयस्कर्ता ह्यहं परम् ।
अहं पापी दुराचारो
　　मूर्खश्चाहं दुराकृतिः ॥ ३८ ॥

न दत्तं न मया भुक्तं
　　मत्समो नास्ति दुःखितः ।
इत्यहङ्कारचित्तानां
　　ममत्ववशवर्तिनाम् ॥ ३९ ॥

अहङ्कारो निबध्नाति
　　संसारे दृढबन्धनैः ।

विद्वान् बोद्धा पापी,—इत्यादिसात्त्विक्यादि-
प्रतीतिरूपैः संसारहेतुभिर्दृढैर्बन्धनैरहङ्कारो नि-
बध्नाति जनान् । ऊर्ध्वमिति एतावदन्ततत्त्व-
व्यापकत्वेन ॥

२

तदित्थं

त्रिविधस्याप्ययं धर्मो-
ऽहङ्कारस्य प्रकीर्तितः ॥ ४० ॥

यत्तु 'वैकारिकस्ततश्चोर्ध्वम्' इत्युक्तं, तदहङ्कारस्य राजसताप्राधान्यदर्शनाय ॥ ४० ॥

अथ धर्ममुखेन धर्मिरूपाया बुद्धेर्देहे सत्तामाह

बुद्धिधर्मास्ततो वक्ष्ये
धर्मादींस्तव सुव्रते ।
धर्मो ज्ञानं च वैराग्य-
मैश्वर्यं च चतुष्टयम् ॥ ४१ ॥
अधर्मश्च तथाज्ञान-
मवैराग्यमनैश्वरम् ।

एषां मध्यात्

बध्नाति सप्तधा सा तु
ज्ञानभावेन मोहयेत् ॥ ४२ ॥

साङ्ख्यसिद्धानिति अर्थात् ॥ ४२ ॥

एषा च इत्थं मुख्यतया लक्ष्यते इत्याह

बुद्धिश्चाध्यवसायं च
करोति विविधेष्वपि ।

वस्तुषु ॥

धर्मादीनामथाष्टानां
लक्षणानि शृणु प्रिये ॥ ४३ ॥

तत्र

उपवासो जपो मौन-
मक्रोधोऽस्तेयमार्जवम् ।
सत्यं शौचं च दानं च
दया क्षान्तिश्च सर्वदा ॥ ४४ ॥
विद्याभ्यासश्च लज्जा च
इन्द्रियाणां च निग्रहः ।
इष्टापूर्तं तीर्थसेवा
पितृणां चैव तर्पणम् ॥ ४५ ॥
अभयं सर्वसत्त्वेभ्यो
जीवितस्य च रक्षणम् ।

धीगुणः प्रथमो ह्येष
धर्म इत्यभिधीयते ॥ ४६ ॥

इह यः पूर्वं

'अक्रोधो गुरुशुश्रूषा शौचं सन्तोष आर्जवम् ।
अहिंसा सत्यमस्तेयं ब्रह्मचर्यमकल्कता ॥'(११।१४५)

इत्येवं दशविधो धर्म उक्तः, तस्यैव सप्रपञ्चम-भ्यन्तरप्रतिपादनमेतत् । तथाच इन्द्रियाणां निग्रहो ब्रह्मचर्यस्य प्रपञ्चोक्तिः । लज्जा उपवासो जपो मौनं दानं दया क्षान्तिरिष्टापूर्तादित्रयं च अकल्कतायाः प्रपञ्चः । विद्याभ्यासो जीवितरक्षा च गुरुशुश्रूषायाः फलम् । सर्वसत्त्वाभयमहिंसारूपम् । स्तेयवर्जनक्षान्ती सन्तोषार्जवरूपे ॥ ४६ ॥

तदित्थं

धर्मकर्मनिबद्धानां
संसारमनुवर्तिनाम् ।
पुनर्मार्त्यं पुनः स्वर्ग्यं
तिर्यक्त्वं च पुनः पुनः ॥४७॥

भवतीति शेषः ॥ ४७ ॥

एवं

धर्मभावः समाख्यातः

इदानीं

ज्ञानभावं च मे शृणु ।

भावं बुद्धिधर्मम् ॥

तमेव स्फुटयति

चतुर्विंशतिकः पिण्डः

करणेन्द्रियसंयुतः ॥ ४८ ॥

प्राकृतः स तु विज्ञेयो

धर्माधर्मप्रवर्तकः ।

मनोवाक्कायव्यापारैर्धर्माद्यर्जकः ॥

अकर्ता निर्गुणश्चाहं

तेन प्रकृतिभिन्नस्य

न मे बन्धोऽस्ति प्राकृतः ॥४९॥

केवलमिदं सर्वं

प्रकृत्या कारितं मन्ये

बुद्ध्यादिद्वारेण प्रवर्तितमिति निश्चिनोमि ॥

तदीदृशविवेकज्ञानोत्थात्

वासनादेव मुच्यते ।

वासनं संस्कारः । मुच्यते इति साङ्ख्य-भिक्षुः ॥

तदेतत्

साङ्ख्यज्ञानं मया प्रोक्तं
प्रकृतेर्येन मुच्यते ॥ ५० ॥

कतिपयं कालं पृथग्भवति ॥ ५० ॥

अथ

मुक्तं प्रकृतिबन्धात्तं
पुनर्बध्नाति चेश्वरः ।

स च

बद्धः संसरते भूयो
यावद्देवं न विन्दति ॥ ५१ ॥

ईश्वरं सृष्टिकर्तारं
सर्वजन्तुनिबन्धकम् ।

प्रकृतेर्जडायाः कर्तृत्वाघटनात् पुंसस्तदनभ्युगमात् संसर्गेऽपि जगदुदयो न स्यादिति तयोर्बन्धमोक्षनिर्मातारं यावदीश्वरं न लभते तावत्साङ्ख्यमुक्तोऽपि पुनः प्रत्यावर्तते तत्त्वज्ञानानुदयात् ॥

वैराग्यं लक्षयितुमाह

वैराग्यात्सन्त्यजेत्पुत्रा-
न्दारानिष्टान्सुसंमतान् ॥ ५२ ॥
हस्त्यश्वरथयानानि
सुहृद्भोगधनानि च ।

सुष्ठु संमताननुकूलान् ॥

किञ्च

उपवासं जपं तीर्थं
पञ्चाग्निं जलशायिताम् ॥५३॥
उपास्यैतानि घोराणि
देहं सन्त्यजति क्षणात् ।

दक्षिणाग्न्याहवनीयगार्हपत्यौपसदिकसावित्राख्याग्निपञ्चमध्यावस्थानं ग्रीष्मे पञ्चाग्न्याख्यं तपः । एतानीति तपांसि ॥

कथं त्यजतीत्याह

गिरिवृक्षजलाग्निभ्यः
प्रहारोद्बन्धनाशनैः ॥ ५४ ॥

गिर्यादीनाश्रित्येत्यर्थः । वृक्षः प्रयागादिस्थितो वटः । आशनमशनमाङ्पूर्वस्य अश्नातेः प्रयोगः ॥

तदेवंप्रायाणि अन्यानि अपि

वैराग्यं तु समाश्रित्य
कुरुते साहसान्यपि ।
ऐश्वर्यभावमापन्नो
द्रव्यैस्तृप्तिं न गच्छति ॥ ५५ ॥

न दारैर्न धनैर्भोगैः
परिवारैर्न वाहनैः ।
तपो व्रतानि मन्त्रांश्च
ऐश्वर्यार्थे तु साधयेत् ॥ ५६ ॥

किञ्च

युद्धं द्यूतं तथा मायां
चौर्यं चानृतहिंसनम् ।
अन्यान्यपि त्वयुक्तानि
विस्रम्भच्छलघातिताम् ॥५७॥
ऐश्वर्यभावमापन्नः
करोति च बहून्यपि ।

तपोव्रतादीनि सात्त्विकस्य, युद्धादीनि तु राजसस्य, आश्वासहननादीनि तामसस्य अर्थाहरणकारणानि ॥

धर्मादिचतुष्टयं प्रदर्श्य, अधर्मादीनपि देहिनो दर्शयति क्रमेण

प्राणिहिंसारतो नित्यं
चौरिकानृतदम्भवान् ॥ ५८ ॥
याचको दुःखदाता च
भवेच्चाधर्मचेष्टितम् ।

चौरिका चौर्यम् । प्राणिहिंसारतत्वादि एतदधर्मस्य चेष्टितं भवतीत्यर्थः ॥

नास्ति धर्मो न चाधर्मः
स्वर्गं मोक्षं च को गतः ॥५९॥
अज्ञानभावमापन्नः
सर्वं मिथ्येति भाषते ।
नित्यं दुःखी परप्रेष्यो
भारं यानं वहन्नपि ॥ ६० ॥

कृच्छ्रजीवी च सतत-
मवैराग्ये न खिद्यते ।
सतीत्यर्थः ॥
राज्यं कृत्वा तु सामन्तः
सामन्त्याद्ग्रामभुग्भवेत् ॥ ६१ ॥
ग्रामाद्भ्रष्टस्तदर्धेन
वर्ततेऽसावनीश्वरः ।
न शोचति न चोद्विग्नः
क्रीडते पूर्वराज्यवत् ॥ ६२ ॥
अनैश्वर्यस्य भावोऽय-
मेवं ते समुदाहृतः ।
अथ देहस्थम्
अव्यक्तं त्रिगुणं वक्ष्ये
संसारस्य प्रवर्तकम् ॥ ६३ ॥
ईश्वरेच्छात इति अर्थात् ॥ ६३ ॥
एतस्मादेव
यस्माच्च जगदुत्पत्तिः
प्रकृतिस्तेन चोच्यते ।

एतदेव प्रकर्षेण क्रियते प्रपञ्च्यते बुद्ध्यादि-क्ष्मान्तं सर्वमस्यामीश्वरेणेति प्रकृतिः ॥

किञ्च देहावस्थितिप्रतीतिहेतुम्

अस्य धर्मं प्रवक्ष्यामि
रजःसत्त्वतमोऽभिधम् ॥ ६४ ॥

तत्र

प्रकाशभावः सत्त्वं च
धर्मः सत्त्वसमाश्रितः ।

प्रकाशभावोऽर्थीकृतिसंवेदनं, सत्त्वं शुद्ध-चित्तता यया पूर्वोक्तो धर्मः ॥

सत्त्वसंबन्धादेव यश्च परेषां धनान्नादेः

संविभागी च सततं
नित्यं सत्त्वोपकारकः ॥ ६५ ॥
क्षमादयासमायुक्तो
ज्ञानविज्ञानपारगः ।

स सात्त्विक इत्यर्थः । सत्त्वोपकारको दानं विनापि वागादिना प्राण्युपकारी ॥

किञ्च

प्रीतिर्दानं धृतिर्मेधा
तपः शौचं दमस्तथा ॥ ६६ ॥
ऋतवाक्समदृष्टिश्च
दिव्यबुद्धिप्रबोधनम् ।
यस्मिन्नेते सदा धर्मा
भवन्ति पुरुषोत्तमे ॥ ६७ ॥
स सात्त्विकस्तु विज्ञेयः

समदृष्टिः स्वात्मनि इव परत्र प्रतिपत्तिः । दिव्यबुद्धिः प्रतिभा ॥

अथ

रजोधर्मांश्च मे शृणु ।
निस्त्रिंशश्चातिलोभी च
विद्वेषी क्रोधनस्तथा ॥ ६८ ॥
कामी हर्षसमाविष्टो
दुःखार्तः पर्यटेत्सदा ।
मानी दम्भसमायुक्तो-
ऽप्यहङ्कारे व्यवस्थितः ॥ ६९ ॥

नित्यं युद्धरतः शूरः

कामी सन् हर्षयुक्तः, नतु सन्तोषसुखवानिति ॥

एवंविधो यः, तस्य एतत् निस्त्रिंशत्वादिकं

राजसं गुणलक्षणम् ।

अथ

कामक्रोधाभिभूतत्वं

लोभेन च समन्वयः ॥ ७० ॥

ईर्ष्या दम्भो विषादश्च

मद उन्माद एव च ।

निद्रालस्यमकर्मित्वं

दौर्मेध्याज्ञानिते तथा ॥ ७१ ॥

अधर्मताबुद्धिमत्त्वं

नास्तिक्यं छलचित्तता ।

एतत्सर्वं

तमः

तमोगुणरूपम् ॥

अतश्च

चिह्नानि चैतानि

दृश्यन्ते यत्र मानवे ॥ ७२ ॥
तामसः स तु विज्ञेयः
पुरुषः कलुषाशयः ।

तदित्थं

एतत्त्रिगुणमव्यक्तं
त्रिगुणं समुदाहृतम् ॥ ७३ ॥

एतत् त्रिभिर्गुणैर्युक्तत्वात् त्रिगुणम् ॥ ७३ ॥

एतत्सम्यग्विदित्वा तु
मुच्यते प्राकृतैर्गुणैः ।

विदित्वा प्रमेयतया परिच्छिद्य, प्राकृतैर्धर्मैर्मुच्यते प्रकृतिवैव्यक्त्यमेति ॥

वस्तुतस्तु न स मुच्यते यत एतावती अस्य प्रतीतिर्यदुत

गुणधर्मा न चैवाहं
बुद्ध्यहङ्कृद्गुणो न हि ॥ ७४ ॥
करणेन्द्रियहीनश्च
भूततन्मात्रवर्जितः ।
अकर्ता निर्गुणश्चाहं
चिन्मात्रः पुरुषः स्मृतः ॥७५॥

करणबाह्येन्द्रियाधिष्ठातृसमः। स्मृत इति पुराणादिप्रणेतृभिः। अतश्च अहमकर्ता ॥७५॥

अत एव

मानसं वाचिकं चैव
शारीरं कर्म यत्कृतम्।

तत्सर्वं

प्रकृत्या कारितं मन्ये

प्रकृतिप्रयुक्तैर्मनःप्रभृतिभिः कृतमिति अवैमि ॥

एवं च न प्रयोजकत्वं, नापि मुख्यं कर्तृत्वं पुंसोऽस्तीति कृत्वा

अकर्ता पुरुषः स्मृतः ॥ ७६ ॥

एवं संन्यस्य कर्माणि
वर्तते नच नित्यशः।
नाहं कर्ता न मे बन्ध
एवं बुध्येत यो नरः ॥ ७७ ॥
प्रकृतेः स विमुच्येत
यावन्न सृजतीश्वरः।

एवमितिवचनेन कर्माणि संन्यस्येति सङ्गतिः ॥

प्रकृतिमात्रविवेकमात्मनो मन्यमानः अकर्त्र्या जडायाः प्रकृतेः कर्तृत्वमधिष्ठातुरीश्वरस्य बन्धादिकर्तुश्च अकर्तृत्वं मोहात् मन्यमानस्तत्त्वाप्रज्ञानात् कंचित् कालं निवृत्तप्रकृतिसंबन्धोऽपि न तत्त्वतः प्रकृतिबन्धात् प्रमुच्यते। तदाह

साङ्ख्यज्ञानेन संमूढो
मुक्तिरित्यभिमन्यते ॥ ७८ ॥
न हि मुक्तिर्भवेत्तस्य
कंचित्कालं विदेहता ।

कंचित्कालं या विदेहता सा न मुक्तिर्यतस्तस्मात्साङ्ख्यज्ञानेन मोहितो मुक्तिरिति मिथ्यैव जानाति ॥

केवलमेतावज्ज्ञानादसौ

तिष्ठेत्प्रकृतिनिर्मुक्तः
सृष्टिसंहारवर्जितः ॥ ७९ ॥

यावत्करोत्यसौ सृष्टि-
मीश्वरः परमेश्वरः।

इदमेव अस्य प्रकृतिनिर्मुक्तत्वं यत् प्रकृतिकार्यशरीरादिसर्गसंहारवर्जितत्वम्। एवं च यावदीश्वरः पुंसां भोगाय पुनः सृष्टिं न आरभते, तावदसौ प्रकृतिलीनप्राय एव आस्ते इत्युक्तं भवति। नच एतावन्मात्रस्रष्टृत्वमस्य ऐश्वर्यम्, अपितु शुद्धाशुद्धसर्वाध्वविषयमित्याशयेन परमेश्वरः अनाश्रितान्तस्य विश्वस्य प्रभुरित्युक्तम्॥

तत ईश्वरे पुंसां कर्मपरिपाकानुसारिभोगदानाय सृष्ट्याभिमुख्यमाश्रयति साङ्ख्ययोगी

तावत्प्रकृतिबन्धेन
संसारे क्षिप्यते पुनः॥ ८० ॥
क्षिप्तः संसरते भूयः
संसारे घोरसागरे।
धर्माधर्मनिबद्धस्तु
साङ्ख्यज्ञानेन मोहितः॥८१॥

तावत् प्रकृतादविशिष्टो यः प्रकृतिबन्धस्तेन।

घोरो विभीषिकाशतप्रदो दुरन्तत्वाच्च सागर इव सागरः। यद्यपिच नाहं कर्त्ता प्रकृतिरेव कर्त्रीत्यनेनावसितं तथापि तत्तस्या जडत्वात् नोपपन्नं, बुद्धेश्चिच्छायायोगे चेतनत्वमुपचरितं कथं मुख्यं कर्तृत्वं स्यात्, प्रकृतेश्च सत्त्वोद्रेकाभावात् चिच्छायाग्रहणायोग्यतया उपचरितमपि चेतनायमानत्वं नास्तीति कथं कर्मसंबन्धः, कथं वा ज्ञानान्नैष्कर्म्यप्राप्तिः, अतोऽवश्यमीश्वरेच्छावशोरथापितकलादिसंबन्धहेतुकं पुंसो मितविषयं कर्तृत्वमस्तीति अनादिभवोपार्जितधर्माधर्मनिबद्धत्वमस्य साङ्ख्यज्ञानमोहितस्य अस्तीति युक्तमुत्पश्यामः ॥ ८१ ॥

इत्थमीश्वरेच्छातः संसारसङ्करतोऽयम्

अहं कर्ता च भोक्ता च
ईश्वरो बलवानहम् ।

इति मन्यमानः

ममत्वेनैव संमूढो
भ्राम्यते घटयन्त्रवत् ॥ ८२ ॥

अहङ्कारपूर्वकत्वात् ममकारस्य। भ्राम्यते इति ईश्वरेण। यदुक्तं गीतासु

'ईश्वरः सर्वभूतानां हृद्देशेऽर्जुन तिष्ठति।
भ्रामयन्सर्वभूतानि यन्त्रारूढानि मायया ॥' (१८।६१)

इति ॥ ८२ ॥

एतदुपसंहरति

साङ्ख्यज्ञानं मया प्रोक्तं
इह पूर्वं यत् प्रश्नितं

'तत्त्वविज्ञानमाख्याहि सिद्धिस्तेषु यथा भवेत् ।'(१२।२)

इति, तन्निर्णयाय देहाश्रयाणि धरादिप्रकृत्यन्तानि तत्त्वानि प्रतिपादितानि, अधुना उच्चारणादिक्रमेण तत्तत्सिद्ध्यर्थं साक्षात्कार्यमेतत्कार्यतत्त्वस्वरूपं स्थूलदृशा प्रदर्श्य, सूक्ष्मदृशा परदृशा च आत्माश्रयाणि नियत्यादिसमस्तानि शुद्धविद्यादिशिवान्तानि च सिद्ध्यर्थमेव तत्त्वान्तरध्यानानि दर्शयन्नुपक्रमते

शृणु ध्यानाधिदैवतम् ।

पृथिव्यादितत्त्वानां ध्यानं तत्संज्ञाख्यतत्त्वाधिष्ठातृदेवतास्वरूपं च वक्ष्यमाणतत्तत्सिद्धिप्रदं

शृण्विति संबन्धः। अत्र च आदौ

'समयाचारयुक्तस्य साधकस्य वरानने।
जायते विविधा सिद्धिर्गिरिगह्वरमाश्रिते॥
सुशुद्धे भूप्रदेशे तु..................।' (६।२)

इत्यादिक्रमेण पूर्वोक्तभैरवपूजापूर्वकं पृथ्व्यादितत्त्वध्यानमारब्धव्यम्॥

तत्र तावत्

पृथ्वीं कठिनरूपेण
चतुःसागरमेखलाम्॥ ८३॥
सपर्वतवनाकीर्णां
मृगपक्षिसमाकुलाम्।
सुस्थिरां पीतवर्णाभा-
मूबीजेन समन्विताम्॥ ८४॥
ध्यात्वा तत्सिद्धिमभ्येति

चतुःसागरमेखलादिरूपा या पूर्वं पृथ्वी उक्ता, तां सुस्थिरकठिनपीतवर्णाभां भुवनाध्वप्रतिपादिततत्तद्देवतात्मिकां सर्वदेहे गतां ध्यात्वा तत्सिद्धिमेति तन्मयः साधको भवति।

अस्याश्च पूर्वोक्तरसात्मप्रक्रियया

'धरित्र्यादिप्रधानान्तमूकारो वाचकः स्मृतः ।' (५।५)

इति कृत्वा ऊकारबीजवाच्यत्वमुक्तम् । ध्यात्वे- त्युक्त्या ध्यानात्पूर्वं धारणा आक्षिप्ता । सा च

'स्वदेहं हेमसङ्काशं तुर्याश्रं वज्रलाञ्छितम् ।' (१२।२२)

इतीदृग्धारणापूर्वं पृथ्वीध्यानमभ्यस्येत् ॥

विषसत्त्वान्निवारयेत् ।

विषं स्थावरजङ्गमादिरूपं, सत्त्वान् पिशाचापस्मारादीन् शक्तिस्तम्भनादिक्रमेण हेलयैव नाशयति ॥

समापन्नपृथ्वीध्यानस्तु असौ

अचाल्यः सर्वभूतानां
यथैव वसुधा भवेत् ॥ ८५ ॥

एतत्

'......तत्सिद्धिमभ्येति......... ।' (८४)

इति पूर्वोक्तेः स्फुटीकरणम् । यथैव वसुधेति पृथ्वीजयेन तदधिष्ठातृवत् तत्र ऐश्वर्यमाप्नोति । एवमुत्तरत्रापि योज्यम् ॥ ८५ ॥

जलध्यानमाह

जलापूरितसर्वाङ्गो
जलध्यानेन पूरयेत् ।
एवमभ्यस्यमानस्तु
विषसत्त्वान्विनाशयेत् ॥ ८६ ॥

तृष्णादाहविनिर्मुक्त
ईतिभिश्च विवर्जितः ।
जगदापूरयेत्सिद्धः
पूर्वबीजसमन्वितः ॥ ८७ ॥

जलध्यानेन पूरयेदिति अङ्गोपाङ्गप्रसरणक्रमेण विश्वमापूरितं भावयेत् । एवमभ्यस्यन्विषादि नाशयेदिति आप्यायनयुक्त्या साध्यमाप्याययति प्रशान्तविषभूतदोषं करोति, स्वयं च तत्तत्सन्तापाद्यवसरेषु तृष्णादिभिरीतिभिश्च सर्वोपद्रवैर्विवर्जितः क्रमाच्च सिद्ध इति निष्पन्नासत्त्वध्यानो जगदपि अम्भोत्रदेव आप्याययति। पूर्वबीजमूकार एव प्रधानान्तं तस्यैव

वाचकत्वेन उक्तत्वात् । अत्रापि

'जलात्मकं स्मरेद्देहं सितं शीतं सुवर्तुलम् ।' (१३।२)

इति श्रीपूर्वोक्तनीत्या कमललाञ्छितसितार्ध-चन्द्रमण्डलात्मिकां जलधारणां बद्ध्वा ऊकारपरामर्शपूर्वं प्राङ्निर्दिष्टदेवताधिष्ठितं जलमयं स्वदेहं ध्यायेत् ॥ ९७ ॥

'स्वशरीरोत्थितो वह्निर्ज्वलन्वै सर्वदाहकः ।
त्रिकोणं चिन्तयेद्देहं रक्तज्वालावलीधरम् ॥' (१३।२१)

इति श्रीपूर्वनिरूपितवह्निधारणया स्वदेहं ध्यात्वा

कुर्यात्कर्मसहस्राणि
स्वबीजेन तु बीजितः ।

बीजितः परामर्शयुक्त्या योजितः । स्वबीजं रेफ इति असंदिह तथा प्रक्रमाभावात् । प्रधानान्तं देहाश्रयाणि तत्त्वानि उक्त्वा तत्त्वध्यानप्रतिपादनस्य अयमेव आशयः—यत् नवात्मप्रक्रियया ऊकारादिवाचकपरामर्शपूर्वमेतत्सिद्धिः स्यादिति ॥

कृष्णरेण्वात्मको वायु-
ध्येयो बीजेन संयुतः ॥ ८८ ॥
पूरयेद्वै जगद्देहान्

अत्रापि

'स्वदेहं चिन्तयेत्कृष्णं वृत्तं षड्बिन्दुलाञ्छितम्
चलं सधूधूशब्दं च················ ॥' (१३।३४)

इति श्रीपूर्वोक्तवायवीयधारणापूर्वकात् ध्यानात् जगद्गतान्देहानुच्छ्वासमात्रेण पूरयेदाप्याययेत् ॥ ८८ ॥

ध्यानप्रकर्षात्तु

सिद्धश्चाश्चर्यकारकः ।

वायुतत्त्वाधिष्ठातृदेवताप्रभावात्किं किं न करोतीत्यर्थः ॥

सुषिरात्मकं स्वदेहं तु
जगच्च सुषिरात्मकम् ॥ ८९ ॥
ध्यायेत्प्रकृतिबीजेन

एकारेण ॥

एवं च

चित्रकर्माणि कारयेत् ।

यदुक्तं श्रीपूर्वे

'षण्मासाद्गगनाकारः सूक्ष्मरन्ध्रैरपि व्रजेत्
वत्सरत्रितयात्सार्धाद्व्योम एव भविष्यति
इच्छयैव महाकायः सूक्ष्मदेहस्तथेच्छया
अच्छेद्यश्चाप्यभेद्यश्च .... ॥' (१३।४७)

इत्यादि ॥

प्राक्स्थित्यैव कर्मेन्द्रियबुद्धीन्द्रियतन्मात्रध्यानानि क्रमेण आह । तत्र

वागिन्द्रिये तथा वह्नि-
ध्यातो वाक्सिद्धिदायकः ॥९०॥

तथेति

'.........ज्वलन्वै सर्वदाहकः ।'

इति यथा पूर्वमुक्तः । स तु सर्वदेहगतः, अयं तु जिह्वानुसारिहृदयादिमूर्धान्तवागिन्द्रियदेहाश्रय इति विशेषः ॥ ९० ॥

इन्द्रः पाणावभिध्यातः

पीत इति अर्थात् ॥

येन असौ

बाहुशाली त्वजेयकः ।

स्वार्थे कन् ॥

पादयोर्दूरसंचारं
ध्यातो विष्णुः प्रयच्छति ॥९१॥
पायौ मित्रः सितो ध्यातः
पायुव्याधिविनाशकः ।
शिश्ने प्रजापतिं श्यामं
ध्यायेद्युक्तेन चेतसा ॥ ९२ ॥
जितेन्द्रियश्च भवति
त्विच्छया रमते शतम् ।

पूर्वबीजमनुक्तमत्र योज्यम् । विष्णुः कृष्णवर्ण इति अर्थात् ॥

श्रोत्रेन्द्रिये दिशश्चित्रा
ध्यायेद्बीजेन संयुताः ॥ ९३ ॥

दिशोऽधिष्ठातृदेवताः । चित्रा नानारूपाः । बीजं प्राग्वत् ॥ ९३ ॥

यश्च ईदृगसौ
सकृदुक्तं च गृह्णाति

महान्तमपि शब्दसन्दर्भमिति अर्थात् ॥

अस्य च अभिसन्धिमात्रात्

दिग्यात्रा चैव सिद्ध्यति ।

दूरतरदिक्प्राप्तिरपि भवति ॥

मारुतं कृष्णरूपेण
ध्यायेत्तु त्वचि संस्थितम् ॥९४॥
यः स दंष्ट्राद्यभेद्यः स्यात्

अस्य च

न क्वचिज्जायते व्यथा ।

वज्रदेहो जायत इति यावत् ॥

आदित्यं चक्षुषि ध्याये-
ज्जिह्वायां वरुणं तथा ॥ ९५ ॥
नासायां पृथिवीं पीतां
मनसीन्दुं तथैव च ।
पीतकं गन्धतन्मात्रं
रसतन्मात्रकं सितम् ॥ ९६ ॥
रक्तं तु रूपतन्मात्रं
कृष्णं तु स्पर्शसंज्ञितम् ।

अरूपं शब्दतन्मात्रं
ध्यातव्यं बिन्दुरूपि च ॥९७॥
विषयेष्वीप्सितां सिद्धिं
जानाति च विचिन्तितम् ।

तन्मात्राणां घ्राणाग्रादीनि स्थानानि चतुरस्रादिरूपं च श्रीपूर्वतो ज्ञातव्यं यथा

'पीतकं गन्धतन्मात्रं तुर्याश्रं पञ्चसंमितम्
नासारन्ध्राग्रगं ध्यायेद्वज्रलाञ्छनलाञ्छितम् ।'

इत्यादि, तथा

'जलबुद्बुदसङ्काशं जिह्वायां चाग्रतः स्थितम् ।
चिन्तयेद्रसतन्मात्रं जिह्वाग्राधारमात्मनः ॥
सुशीतं षड्रसं स्निग्धं तद्गतेनान्तरात्मना ।'

इति,

'एकान्तस्थो यदा योगी विनिमीलितलोचनः ।
शरत्सन्ध्याभ्रसङ्काशं यत्तत्किञ्चित्प्रपश्यति ॥
तत्र चेतः समाधाय यावदास्ते दशाहकम् ।
तावत्प्रपश्यते तत्र बिन्दून्सूक्ष्मतमानपि ॥
केचित्तत्र सिता रक्ता नीलाः पीतास्तथापरे ।
तान्दृष्ट्वा तत्र सन्दध्याच्चेतोऽत्यन्तमनन्यधीः ॥
षण्मासात्पश्यते तेषु रूपाणि सुबहून्यपि ।'

तथा

'षट्कोणमण्डलान्तःस्थमात्मानं परिभावयेत् ।
रूक्षमञ्जनसङ्काशं प्रत्यंशं स्फुरिताकुलम् ॥
ततोऽस्य दशभिर्देवि दिवसैस्त्वचि सर्वतः ।
भवेत्पिपीलिकास्पर्शस्ततस्तदनुचिन्तयन् ॥
वज्रदेहत्वमासाद्य पूर्वोक्तं पूर्ववल्लभेत् ।'

इत्यादि, तथा

'कर्णौ पिधाय यत्नेन निमीलितविलोचनः ।
यं शृणोति महाघोषं चेतस्तत्रानुसन्धयेत् ।
दीप्यते जाठरो वह्निस्ततोऽस्य दशभिर्दिनैः ।
दूरात्कथनविज्ञानं षण्मासादुपजायते ॥' (१४।३५)

इति । बिन्दुरूपि चेति तन्मात्रविषयं यथायोगं योज्यम् । विषयेष्वीप्सितां सिद्धिमिति चक्षुरादिविषयेषु तथा प्रोक्तदृशा तन्मात्राधिष्ठितत्वादिन्द्रियाणां तन्मात्रविषयेषु रूपादिषु देशकालस्वभावविप्रकृष्टेषु उपलब्ध्यादिकाम् । जानाति च विचिन्तितमिति यस्य कस्यचित्संबन्धि विचिन्तितं सङ्कल्पसिद्धिं जानातीति एषां मनोध्यानसिद्धिः ॥

अहङ्कारधारणामाह

वैकारिके तथा रुद्रो
ध्यातव्यः सिद्धिमिच्छता॥९८॥

अतश्च

ध्यानात्सिद्धिमवाप्नोति
मुक्ताहङ्कारबन्धनाम् ।

मुक्तमहङ्कारबन्धनं यस्य तादृशीं परप्रमात्रैकात्म्यप्राप्तिपर्यवसानामित्यर्थः । अत्रापि

'षोडशारं स्मरेच्चक्रमात्मन्यहमनन्यधीः ।
एषोऽहमिति सञ्चिन्त्य स्वकार्यपरिवारितम् ॥
अप्रधृष्यो भवेद्योगी················ ।' (१६।८)

इत्यादि श्रीपूर्वोक्तमनुसन्धेयम् ॥

अथ

ब्रह्माणं बुद्धिसंस्थं तु
ध्यायेद्युक्तेन चेतसा ॥ ९९ ॥

स्मरन्वै पूर्वबीजेन

पूर्वबीजेनेति ऊकारेण । एतच्च पूर्वत्रापि अ-

नुसन्धेयम् । स्मरणं ध्याने हेतुः । अत्रापि

'उदितादित्यबिम्बाभं हृदि पद्ममनुस्मरेत्
धर्मादिभावसंयुक्तमष्टपत्रं सकर्णिकम् ।' (१६।८)

इत्यादि अनुसर्तव्यम् ॥

एवंध्यानवतः

ज्ञानौघः संप्रवर्तते ।
दिव्या च जायते बुद्धिः
संशयोच्छित्तिकारिका ॥१००॥
भूतं भव्यं भविष्यच्च
प्रत्यक्षं संप्रजायते ।

ज्ञानौघादिकमत्र ध्येयब्रह्माख्यदेवतारूप-
मिति ज्ञातव्यम् ॥

अथ

प्रकृतिः कृष्णवर्णा तु
रक्तशुक्ला विराजते ॥ १०१ ॥

गुणत्रयमय्याः प्रकृतेरधिष्ठातृदेवता एषा
अनेकवर्णा उक्ता ॥ १०१ ॥

इत्थं च त्रिवर्णायाः

रक्तं च हृदयं तस्याः

शिष्टमूर्ध्वमधश्च गात्रमस्याः सितं कृष्णं चेति अर्थात् ॥

एषा च

बहुपादभुजानना ।
ध्यातव्या तत्त्वबीजेन
यदीच्छेत्सिद्धिमात्मनः ॥१०२॥

सर्वपुरुषान्प्रति विचित्रप्रकाशप्रवृत्तिस्थितिप्रदत्वादस्या बहुवक्त्रादित्वे तत्त्वस्य प्रकृत्याख्यस्यैव यद्बीजं प्रक्रान्तप्रक्रियया ऊकारस्तेनैव तत्त्वाधिष्ठात्री एषा ध्येया । एवंच वदतोऽयमाशयः—यत्पारमेश्वरे सर्वतत्त्वानि तत्तद्देवताधिष्ठितान्येव, न तु एषां जडत्वमेवमिति अत्र देवताप्रधानमेव तत्त्वध्यानमुक्तम्। आत्मनः सिद्धिः प्रकृतिविविक्तस्य उपलब्धिः ॥ १०२ ॥

एवं हि आत्मा मुक्तप्रकृतिबन्धनः

सिद्धश्चैव स्वतन्त्रश्च
दिव्यदृष्टिश्च जायते ।

सिद्ध इति प्रकृतिविवेकेन उपलब्धोऽत एव स्वतन्त्रः, नतु प्रकृतिवशस्तथा च दिव्या लोकोत्तरा स्वपरविषया दृष्टिः सम्यक्प्रतीति-र्यस्य तादृग्भवति ॥

यावता कालेन एषा अस्य सिद्धिस्तदादेशाय आह

षण्मासाभ्यासयोगेन
दिव्या दृष्टिः प्रवर्तते ॥१०३॥

एष च अभ्यासकालः सर्वतत्त्वविषयो मन्तव्यः ॥ १०३ ॥

तदित्थं दिव्यदृष्ट्युत्पत्तौ

त्रैलोक्ये यत्प्रवर्तेत
प्रत्यक्षं तस्य जायते ।

तदेव देवमनुष्यतिर्यग्रूपे लोकत्रये यत् सूक्ष्मव्यवहितविप्रकृष्टादिकं किंचित्प्रवर्तते प्रकृतितो जायते, तदस्य सर्वं प्रत्यक्षीभवति ॥

उपसंहरति

एष ते प्राकृतो योग
उक्तः

एवं प्रकृत्यन्ते शरीरे तत्त्वानां स्थितिं

धारणादिक्रमेण च तत्तत्सिद्धिहेतुत्वमुक्त्वा, तत्त्वान्तरध्यानानि उपक्षेप्तुं प्रकृतिसाक्षात्कारान्मायासाक्षात्कारस्य लोकोत्तरतामादिशति देवः

मोक्षकरः परः ॥ १०४ ॥

पर इति मायाख्यः प्रकृतेः साक्षात्कारयोगादपि पर उक्तः। स च मोक्षकरः मायोत्तरणात् प्रभृत्येव हि मोक्षमार्गसोपानपदप्रवृत्तिः पुंस्प्रकृतिविवेकज्ञानिनां पुनर्बन्धाविर्भावस्य उक्तत्वादेव ॥ १०४ ॥

देहावस्थितिप्रकृत्यन्ततत्त्वेषु ध्यानपूर्वाः सिद्धीः प्रतिपाद्य, एतदधिष्ठातृपुंस्तत्त्वध्यानोत्थसिद्धिप्रतिपादनाय आह

अतः परं तु पुरुषः

ध्येय इति शेषः ॥

स च

पद्ममध्ये व्यवस्थितः ।

'साक्षात्कृत्स्नमिमं देहं यद्यपि व्याप्य तिष्ठति ।
तथाप्यस्य परं स्थानं हृत्पङ्कजसमुद्गकम् ॥'

इति हृदब्जकर्णिकास्थः ॥

किमस्य स्वरूपमित्याह

चित्स्वरूपश्च

चिन्मात्र एव । यथोक्तं शिवसूत्रेषु

'चैतन्यमात्मा ।'

इति ॥

अत एव अस्य भेदवाद्युपगतो न कश्चिद्वास्तवो भेद इत्याह

सर्वेषु

देहमापूर्य संस्थितः ॥ १०५ ॥

परमेश्वरमायाशक्तिवशादवभासितभेदेषु सर्वप्राणिषु संस्थितः, अतश्च तदुपाधिभेदादयं भिन्न इव न वस्तुत इति सर्वेष्विति संस्थित इति बहुवचनैकवचनयोराशयः ॥ १०५ ॥

इत्थं पुर्यष्टकसङ्कोचनाभासनादेव च

स जीव इति विख्यातो

येन जीवति तत्पुरम् ।

पुरं शरीरम् ॥

एतदेव व्यतिरेकेण दर्शयति

निर्गतेन मृता येन

अचेताः शीर्यते तनुः ॥१०६॥

इत्थं च मायाशक्त्या पुर्यष्टकादौ गृहीता-
भिमानोऽयं

बध्यते

विश्वभित्तिभूतपरिपूर्णबोधरूपतया स्फुर-
न्नपि असौ सङ्कोचावभासात्मना तावता अंशेन
स्वयमेव बध्यते । यथोक्तं प्राक्

'आत्मना बध्यते ह्यात्मा·············।' (१०।३६०)
इति ॥

यदा तु तेन भित्तिभूतेन शुद्धविद्याशक्त्या
सङ्कोचावभासोऽस्य विलाप्यते, तदा

मुच्यतेऽसौ वै

न च देहपाते अस्य मुक्तिरपितु जीवतोऽपि
अस्येत्याह

सुखदुःखानि वेत्ति च ।

उक्तं च प्राक्

'जीवन्नेव विमुक्तोऽसौ यस्येयं भावना स्थिता ।' (७।२५९)
इति । देहपाते तु परमशिव एव असाविति
कस्य कुतो मुक्तिरित्यभिहितमेव ॥

तदीदृशचितिमात्ररूपस्य

न तस्य रूपं वर्णो वा
प्रमाणं दृश्यते क्वचित् ॥१०७॥

वर्णो ब्राह्मणादिः, रूपं सितादि, प्रमाणं आरोहमहदादि इदन्तानिर्देश्यत्वाभावात् । इदं च भेदस्य अवास्तवतैवेत्यादिशति । अथच चित्स्वरूपत्वात् सततं प्रथमानमूर्तेरस्य प्रत्यक्षानुमानाद्याख्यं नवार्थाभासरूपं प्रमाणं न क्वचित् दृश्यते नैव उपपद्यते । यथोक्तं श्रीप्रत्यभिज्ञायां

'प्रमातरि प्रमाणे तु सर्वदा भातविग्रहे ।
किं प्रमाणं नवाभासः सर्वप्रमितिभागिनि ॥' (२।३।१६)

इति । श्रुत्यन्तेषु अपि

'विज्ञातारमरे केन विजानीयात् ।'

इति । क्वचिच्छब्देन असम्भाव्य एव अयमर्थ इत्यादिष्टं भगवता ॥ १०७ ॥

यतश्च अयं न कथञ्चिद्विषयीक्रियते, अत एव

न शक्यः कथितुं वापि

अपिशब्दात् सङ्कल्पयितुं वा ॥

अतश्च अयं

सूक्ष्मश्चानन्तविग्रहः ।

अत एव व्यनक्ति

वालाग्रशतभागस्य
शतधा कल्पितस्य तु ॥१०८॥
तस्य सूक्ष्मतरो जीवः
सचानन्त्याय कल्पते ।

वालस्य यदग्रं तस्य यः शतभागस्तस्य शतधा कल्पितस्येति तमपि सूक्ष्मतया तथा कल्प्यमानत्वादेव वेद्यपदपतितमनादृत्य प्रकृष्टः सूक्ष्मो जीवो येन केनापि प्रकारेण वेद्यः, तत एव चित्स्वरूपवेदकैकात्मकत्वादानन्त्याय देशकालाकारापरिच्छिन्नत्वादशेषैकात्म्याय कल्पते तद्रूपतया स्वस्वातन्त्र्यात् स्फुरति; नतु केनचित् तथा कल्प्यते इति । कल्पितत्वं कल्पनोत्थापितत्वं, क्लृप्तिस्तु स्वयमेव तथावस्थितिः ॥

एवमकल्पितत्वादध्येयस्यापि अस्य वक्ष्यमाणकञ्चुकाविष्टस्य अदूरविप्रकर्षेण उत्प्रेक्ष्यसि-

ध्याङ्गध्यानमाह

आदित्यवर्णं रुक्माभ-
मब्बिन्दुमिव पुष्करे ॥१०९॥
पश्यन्ति तारकमिव
योगिनो दिव्यचक्षुषा ।

आदित्यवर्णमिति तथा रुक्मस्य हेम्न इव आभा प्रकाशो यस्येत्यनेन दीप्तत्वमात्रमस्य उक्तं, नतु आकृतिमत्त्वम्; पुष्करे पद्मेऽब्बिन्दुमिवेत्यनेन शरीरादिभूम्यस्पर्शित्वं; तारकमिवेत्यनेन तु स्फुरत्तासारत्वम् । दिव्यचक्षुषेति स्वसंवेदनेन । अत्र च प्रातिलोम्येन नवात्मसंबन्धी द्वितीयो वर्णो वाचकत्वेन प्रकरणानुसारं योजनीयः । तारकमित्यनेन च प्रकृतिबन्धात्तारकत्वमेव तद्ध्यानस्योक्तमिति सिद्धिरपि निर्दिष्टा । दिव्यचक्षुषेत्यनेनापि तद्ध्यानाद्योगिनोऽशेषप्रकाशकं चक्षुर्दिव्यमाविर्भवतीति सिद्धिनिर्देशः कृतः । तदेवं पुर्यष्टकवशिनोऽस्य एतद्ध्यानं, वास्तवेन तु चितिमात्रात्मना रूपेण ध्यातैव अयं; नतु

ध्येयः । चिदात्मैव च सर्वाधिष्ठातृदेवतेत्याशयेन आत्मनोऽत्र देवतान्तराधिष्ठितत्वं नोक्तम् ॥

यश्च अयं चितिस्वभावत्वात् वर्णरूपादिरहितः पुरुष उक्तः, असौ

रागविद्याकलोपेतः
कालबद्धो हि रूपवान् ॥११०॥

प्राङ्निर्णीतरूपकलादितत्त्वपञ्चकात्मककञ्चुकावृत आत्मा रूपवानिति आदित्यवर्णत्वादिध्येयरूप उक्तः ॥ ११० ॥

अथ

'प्रकृतिः पुरुषश्चैव.................... ।' (५।११)

इत्यादिप्रोक्तनवात्मप्रक्रियया नियतिध्यानमाह

श्यामवर्णेन विज्ञेया
स्थिता जीवस्य देवता ।
दक्षिणेन सिताङ्गी तु
वामेनासितरूपिणी ॥ १११ ॥

जीवस्य जीवता नियतिनियन्त्रणाप्राणैवेयाशयेन देवतेत्युक्तम् । नियामकत्वादेव च

श्यामा । श्यामच्छायत्वेऽपिच अस्या दक्षवामभागयोः सितासितत्वेन धर्माधर्मोत्थापकत्वमुक्तम् ॥ १११ ॥

अस्याश्च

तद्वर्णानि च वक्त्राणि
मण्डलानि विशेषतः ।

दक्षिणे सितानि वामे च असितानीति वक्त्रचतुष्टयमपि दक्षिणतः सितं वामतोऽसितम् । मण्डलानीति वक्त्राङ्गोत्थितानि प्रभामण्डलकानि ॥

एषा च सितासितरूपत्वादेव पुरुषं

कर्मबन्धेन बध्नाति

अस्य च

सुखदुःखं प्रयच्छति ॥११२ ॥

तदीदृशीमेनां

नियतिं च विजानीया-
दनिवार्यां सुरासुरैः ।

सर्वो हि तन्नियन्त्रितः ॥

इत्थमेषा

पूर्वबीजसहध्याना
     द्विरूपेण समन्विता ॥ ११३ ॥

पूर्वबीजेन प्रक्रान्तनवात्मसंबन्धिना वका-
रेण सह ध्यानं तत्परामर्शसहितं चिन्तनं
यस्याः, सा तथा प्रोक्तसितासितात्मकद्विरूप-
युक्ता ॥ ११३ ॥

तस्याश्च

ध्यानात्सिद्धिमवाप्नोति
कासौ सिद्धिरित्याह
     नियतेश्च विमुच्यते ।

न भूयो नियत्या नियम्यते इत्यर्थः ॥
अथ कालतत्त्वध्यानमाह

त्रिनेत्रं च चतुर्वक्त्रं
     कृष्णवर्णं चतुर्भुजम् ॥ ११४ ॥

संहरन्तं दुराधर्ष-
     मनन्तं कालमीश्वरम् ।

दुराधर्षं परमयोगिव्यतिरेकेण न अन्येन अभिभवनीयम् । अनन्तमन्येन अपरिच्छेद्यम् । ईश्वरं विश्वसर्गसंहारप्रभविष्णुम् । ईदृशं कालं ध्यायेत् ॥

अतश्च अस्य

स्वबीजध्यानरूपज्ञः
कालेन नहि कल्यते ॥ ११५॥

स्वबीजं नवात्मसंबन्धी लकारः ॥ ११५ ॥

ये तु कालवञ्चनाय न यतन्ते, ते

चक्रवत्परिवर्तन्ते
कालध्यानविवर्जिताः ।

तदुक्तं तत्रभवता हरिणा

'जलयन्त्रभ्रमावेशसदृशीभिः प्रवृत्तिभिः ।
स कालः कलयन्सर्वान्कालाख्यां लभते प्रभुः ॥'

इति ॥

यत एवं, तस्मादुक्तदेवतारूपं

एवं कालं सदा ध्यायेत्

एवं हि ध्यातुः प्रोक्तकालवञ्चनरूपा
ध्येयसिद्धिश्च जायते ॥ ११६ ॥

न केवलं कालाधिकारोक्तमृत्युञ्जयप्रकारात् कालजयो भवति, यावत्प्रोक्तकालध्यानादपीत्यर्थः ॥ ११६ ॥

एवंप्रकारावमृष्टप्रकृत्यन्ततत्त्वध्यानादनन्तरं य-व-लकारवाच्यं पुंनियतिकालानां सिद्ध्यङ्गं ध्यानमुक्त्वा, नवात्मप्रक्रियया पुमादितत्त्वत्रयेण सह यथाक्रमं युगलकस्थित्या निरूपितानामत एव तद्वर्णावमृश्यानां रागविद्याकलानामपि ध्यानमाह

रागं तु रक्तवर्णं वै
विद्यां श्यामां सुलोचनाम् ।
सितवर्णां कलां ध्याये-
च्चैतन्योन्मीलिनीं तु ताम् ॥११७॥

सुलोचनामिति काकाक्षिवत् । अत्रापि चतुर्वक्त्रचतुर्भुजत्वे प्राग्वदनुसरणीये । कलाया वि-

शेषणं चैतन्योन्मीलिनीमिति । यथोक्तं प्राक्

'कलोन्मीलितचैतन्यो⋯⋯⋯⋯⋯⋯⋯ ।'

इति । एतच्च

'⋯⋯⋯⋯विद्यादर्शितगोचरः ।' (११।९८)

इत्यादिकोपलक्षणपरम् । तानि च तत्त्वानि आ-
त्माश्रये हृदि ध्यानक्रमसाक्षात्कारतो वेद्यीक-
रणीयानि ॥ ११७ ॥

व्यामोहकत्वप्रशमनाय मायाया ध्यानमाह

कृष्णवर्णा च रक्ताक्षी
दीर्घदन्ता सुलोचना ।
कचोर्ध्वपिङ्गकेशी च
स्थूलकाया महोदरी ॥ ११८ ॥

सर्वजन्तुव्यामोहकत्वादस्या ईदृग्रूपं ध्यान-
मुक्तम् । कचेषूर्ध्वमिति उत्थिताः पिङ्गाः केशा
यस्याः । इह यद्यपि केषांचित् तत्त्वानां स्वरूप-
मात्रं ध्यानमुक्तमन्येषामाकृतिमद्देवतारूपत्वं
तद्देवताधिष्ठितत्वं, तथापि सर्वत्र तत्तदाभासरू-
पाणां तत्त्वानां तत्तद्देवताधिष्ठितत्वमेव सा-

ष्विति तत्तद्देवताधिष्ठितमूर्तीन्येव सर्वतत्त्वानि ध्यातव्यानि ॥ ११८ ॥

सर्वजन्तुव्यामोहकत्वमेव अस्याः स्फुटयति

या पातयति भूतानि
ब्रह्माद्यानि पुनः पुनः ।

पातयति स्वरूपाच्छादनप्रमुखं संसारीणि कुरुते ॥

ततश्च तैः

निर्वैरपरिपन्थित्वा-
न्माया ग्रन्थिर्दुरुत्तरा ॥११९॥

निर्वैरं निष्कारणमेव परमेश्वरस्वातन्त्र्यशक्तिरूपा माया परिपन्थिनी पूर्णस्वरूपगोपनेन सङ्कुचितक्षेत्रज्ञस्वरूपोत्थापिका, तद्रूपत्वादेव च पुंबन्धिका माया ग्रन्थिरित्युच्यते ॥ ११९ ॥

अतश्च परमेश्वरानुग्रहं विना न केनचिदुत्तीर्यते इत्याह

साङ्ख्यवेदपुराणज्ञा
अन्यशास्त्रविदश्च ये ।

न तां लङ्घयितुं शक्ता
ये चान्ये मोक्षवादिनः ॥१२०॥

अन्यशास्त्रममाहेश्वरम् ॥ १२० ॥

यतः सर्व एव ते

क्लिश्यन्ति मायया भ्रान्ता
अमोक्षे मोक्षलिप्सया ।

स्वच्छस्वच्छन्दचिद्घनपरभैरवैक्यापत्त्यात्मना मुक्तेरन्यो यः कश्चिन्मोक्ष उच्यते, स तावदध्वोत्तीर्णतायामपि इतराध्वानुत्तरणादमोक्षे मोक्षावभासः ॥

स्वबीजध्यानयोगेन
पूर्वध्यानस्वरूपतः ॥ १२१ ॥
दीक्षासिना च तां छित्त्वा
विशन्ति शिवमव्ययम् ।

स्वबीजं नवात्मसंबन्धी मकारस्तस्य ध्यानं परामर्शस्तत्प्रधानेन सहितं यत् पूर्वोक्तं

'कृष्णवर्णा च रक्ताक्षी................ ।'(१२।११८)

इत्यादि ध्यानं तत्स्वरूपतो हेतोर्या पूर्वोक्ता निरूपिता दीक्षा सैव असिः खड्गस्तेन तां मायां छित्त्वा शिवं विशन्ति तदैकात्म्यमायान्ति ॥

शुद्धविद्याध्यानमाह

चतुर्वर्णा भवेद्विद्या
सा वर्णव्यापिनी स्मृता ॥१२२॥
सितरक्तपीतकृष्णा
ध्यातव्या सुषिरात्मिका ।
आकाशवायुमारूढा
रूपयौवनशालिनी ॥ १२३ ॥

इह

'सामानाधिकरण्यं च सद्विद्याहमिदन्तयोः ।' (३।१।३)

इति प्रत्यभिज्ञायां निर्दिष्टरीत्या अशेषवाच्यवाचकाविभागप्रकाशमय्याः शुद्धविद्यायाः सर्ववाचकतद्वाच्यव्यापि रूपमित्थमादिशति परमेश्वरः । तथाहि चतुर्भिरम्बाज्येष्ठारौद्रीवामाख्यैर्बिन्दुस्पष्टरेखाशृङ्गाटकार्धचन्द्रसन्निवेशैरागमोक्तरूपैर्वर्णनं स्वरूपव्यक्तीकरणं यस्याः,

अतश्च वर्णानामादिक्षान्तानां व्यापिनी प्रोक्त-शक्तिचतुष्टयक्रमेण पञ्चाशद्वर्णभट्टारकात्मक-स्वरूपोत्थापिका स्मृतेति अविच्छिन्नेन पारम्प-र्येणाधीतेत्यनेन समस्तवाचकव्यापि रूपमस्या उक्तम् । सितेत्यादिना तु समस्तवाच्यवाचकं पञ्चतत्त्वदीक्षानिरूपितनीत्या पृथिव्यादितत्त्व-पञ्चकात्मनो विश्वस्य पीतसितरक्तकृष्णसुषिरा-त्मकत्वात् तद्व्यापिन्या देव्यास्तथारूपता उक्ता। यतश्च अस्याः प्रतिपादितयुक्त्या समस्तवाचक-व्यापित्वमत एव इयमाकाशवायुं सर्ववर्णोद्-यास्पदं सौषुम्नं पदमारूढा। पूर्वोक्तनीत्या वर्ण-कुण्डलिन्याः प्राणकुण्डलिनीवाहनत्वादशेषवा-च्यपरिपूर्णत्वादेव च इयं रूपयौवनशालिनी उक्ता। चतुर्वक्त्रेत्यादिरपपाठो भुवनाधिकारे

'अष्टवर्गविभिन्ना तु विद्या सा·········।' (१०।११४४)

इत्युपक्रम्य विद्याधिष्ठितानां वामादिशक्तीना-मपि

'तप्तचामीकराकाराः पञ्चवक्त्रा·········।' (१०।११४६)

इत्यादिध्यानाभिधानात् ॥ १२३ ॥

तदीदृशी एषा

स्वबीजेन तु सा ध्येया

नवात्मसंबन्धिना क्षकारेण ककारसकाराकारपिण्डीकरणयुक्त्या स्वीकृतविश्वात्मना कूटबीजेन परामष्टव्या ॥

एवं च साधकस्य अशेषविश्वप्रकाशात्मिका

तत्सिद्धिश्चैव जायते ।

चकारेण दण्डापूपिकान्यायेन अणिमादिसम्पत् समुच्चिता ॥

तदेषा अशेषविश्वात्मताप्रथनयुक्त्या अनुत्तरधामविकासात्मकपरफलपर्यवसायिनी

दिव्या सिद्धिरमोघा तु

अतश्च अयं साधकः

सिद्धविद्यश्च जायते ॥ १२४ ॥

सिद्धा वशवर्तिन्यः सप्तकोटिसङ्ख्या विद्या यस्य ॥ १२४ ॥

किंच

वेद लोकांस्ततः सर्वान्

लोकयन्तीति लोका रुद्रक्षेत्रज्ञाः, लोक्यन्ते इति लोकाः शुद्धविद्यादिक्षित्यन्तानन्ततत्त्वादिमायापदार्थाः, तान्वेत्ति स्वाधारवर्तिनः सर्वान् स्वसामानाधिकरण्येन पश्यति ॥

न केवलमयं सर्वज्ञो भवति, यावत्

कामरूपी स गच्छति ।

शिववत् स्वेच्छामात्रेण तत्तदाकारनिर्माता भवतीति यावत् ॥

अथ ईश्वरतत्त्वप्रभोरीश्वरस्य प्रागादिवक्त्रध्यानमाह

कुङ्कुमाभं च नारेशं
त्रिनेत्रं तु जटाधरम् ॥ १२५ ॥
पूर्वाननमभिध्यायेत्

नराणामीश्वरस्य अनुग्रहादिकर्तुस्तत्पुरुषभट्टारकस्य इदं नारेशम् । अर्धनारीशमिति अपपाठः । भुवनाध्वनि

'तस्योत्सङ्गगता विद्या············ ।' (१०।११५८)

इत्युक्तत्वादर्धनारीश्वरतायाः का सङ्गतिः ॥

तदीदृशं यत् पूर्वमाननं, तद्ध्यानात् प्रकृष्ट-तपोनिष्ठस्य

वायुभक्षस्य यत्फलम् ।

तत्पुण्यफलमाप्नोति

वायुव्याप्त्या अस्य वक्त्रस्य आगमे उक्तत्वात् तद्ध्यानप्रारम्भे एतद्ध्यातुः फलमिहैव आविर्भवति ॥

क्रमात्तु

अश्वमेधायुतस्य च ॥ १२६ ॥

फलमाप्नोति ॥ १२६ ॥

ध्यानप्रकर्षाच्च अस्य

जगच्च वशमायाति

यतः सर्वत्र जगत्त्रये

क्रमते सिद्धिमेति च ।

तत्तद्भुवनेशवत् प्रभवति, अणिमादिमांश्च भवति ॥

एतच्च अस्य

षड्भिर्मासैरसन्देहः

मासषट्कध्यानात् निश्चितं भवतीत्यर्थः ॥

दक्षिणस्य ध्यानं वक्तुमुपक्रमते

दक्षिणं च तथैव हि ॥ १२७ ॥

ईश्वरस्य । त्रिनेत्रं ध्यायेदिति तथैवेत्यस्य अर्थः ॥ १२७ ॥

विशेषं तु आह

नीलाम्बुदप्रतीकाशं
पिङ्गभ्रूश्मश्रुलोचनम् ।
भ्रुकुटीकरालवक्त्रं च
कपालाहिविभूषितम् ॥ १२८ ॥
बहुरूपजटाधारं
दक्षिणं तस्य चिन्तयेत् ।

वक्त्रं चेति चस्त्वर्थो विशेषद्योतकः । द्वितीयो दक्षिणशब्दः साधकानुकूल्यवाची ॥

इत्थं च एतत्

सुखदुःखविनाशाय
ईतिज्वरविनाशनम् ॥ १२९ ॥

विशेषस्तु

विषग्रहादि सर्वं तु
ध्यानान्नाशयते क्षणात् ।

किञ्च

अग्निवज्ज्वलते योगी
जरामृत्युविवर्जितः ॥ १३० ॥

क्रमते सर्वलोकान्वै
सिद्धश्च समतां व्रजेत् ।

सिद्धः प्राग्वत् मासषट्कध्यानात् । क्रमते स्वामित्वेन अधितिष्ठति । समतां व्रजेत् परमेशसाम्यमेति ॥

पश्चिमवक्त्रध्यानमाह

सितं त्रिनयनं देवि
साक्षसूत्रकमण्डलु ॥ १३१ ॥

पश्चिमं वदनं ध्याये-
द्दिव्यसिद्धिप्रदायकम् ।

दिव्यसिद्धिरणिमादिका ॥

इयांश्च एतद्ध्यानस्य महिमा, यत्

हत्वा प्राणिसहस्राणि
परदारशतानि च ॥ १३२ ॥
अलेपको विशुद्धात्मा
सिद्धिं प्राप्य शिवो भवेत् ।

हन्तिरिह हिंसार्थो गत्यर्थश्च क्रमेण। न केवलं प्राप्तसाधकदीक्षः सद्योवक्त्रध्यानादणिमादिसिद्धिं प्राप्य शिवो भवति, यावत् महापातकयुक्तोऽपीत्यर्थः। अतश्च प्रायश्चित्तविषयमपि एतद्ध्यानं निरूप्यमित्यादिष्टम् ॥

उत्तरास्यध्यानमाह

त्रिनेत्रमुत्तरं वक्त्रं
रक्तोत्पलसमद्युति ॥ १३३ ॥

यत्

ध्यानात्तस्य जगत्सर्वं
वशमेति न संशयः ।

मासषट्कं ध्यातुरिति अर्थात् ॥

७२ स्वच्छन्दतन्त्रम् । [१२ पट॰

किञ्च

तपते वर्षते चैव
सृजते संहरत्यपि ॥ १३४ ॥
ईप्सितां लभते सिद्धिं
योऽब्दमेकं तु चिन्तयेत् ।

आत्मनेपदानि व्यत्ययात् ॥

ऊर्ध्वास्यध्यानमाह

सितमूर्ध्वं सदा ध्याये-
च्छूलहस्तं जटाधरम् ॥ १३५ ॥
व्याघ्रचर्मपरीधानं
साक्षसूत्रकमण्डलु ।
वीणाडमरुहस्तं च
नागयज्ञोपवीतकम् ॥ १३६ ॥
चन्द्रमूर्धोर्ध्वलिङ्गं च
ध्यायेन्नित्यं महेश्वरम् ।

ऊर्ध्वलिङ्गमिति मौलिस्थाने लिङ्गाकारम् ।
महेश्वर इति पदेन एकवक्त्रं महेश्वरं ध्यायेत्

नतु वक्त्रमात्रमस्य इत्यर्थः । नित्यमिति मासषट्कं यावत् ॥

अतश्च

अनेनैव तु देहेन
सर्वज्ञः कामरूपवान् ॥१३७॥

भवतीति शेषः ॥ १३७ ॥

एवमीश्वरतत्त्वाधिष्ठातुरीश्वरस्य आकृतिमतो ध्यानमुक्तम् । अथ अस्यैव

'............बिन्दुश्चैवेश्वरः स्वयम्' । (४।२६४)

इतियोजनिकाग्रन्थदृशा सर्वमिदमहमित्यशेषविश्वाभेदवेदनात्मकबिन्दुरूपस्य अन्तर्गतविश्ववाचकविभागमयनादध्यानमाह

घण्टानादस्य वा ध्याना-
त्सिद्धिः षाण्मासिकी भवेत् ।
ईप्सिता मर्त्यलोके तु
सिद्धिस्तस्य प्रजायते ॥ १३८ ॥

घण्टारवाकारस्य बिन्द्वन्तर्गतनादामर्शस्य ध्यानात् षाण्मासिकी सिद्धिर्भवेदिति षड्भिर्मा-

सैर्नादामर्शे साक्षात्काररूपा सिद्धिस्तस्य भवति। तत्सिद्धौ च यथेष्टसिद्धवस्तुप्राप्तिर्देहस्थस्यैव अस्य घटते ॥ १३८ ॥

अथ अस्यैव अन्तर्भूतनादमशेषविश्वाभेदवेदनात्मकं बिन्दुप्रकाशमयं पूर्वमीशानवक्त्रध्यानमूर्ध्वलिङ्गमिति यत् लिङ्गमुक्तं, तस्य ध्यानमाह

लिङ्गध्यानं तु यः कुर्या-
त्पूर्वबीजेन संयुतम् ।
मासेनैकेन पश्येत्स
सूक्ष्मं लिङ्गं तनूपरि ॥ १३९ ॥
शुद्धस्फटिकसङ्काशं
तद्दृष्ट्वा तु विमुच्यते ।

लीनमनभिव्यक्ततया अन्तःस्थितं विश्वमस्येति लिङ्गमशेषविश्वाभेदवेदनात्मकबिन्दुप्रकाशमयम्। पूर्वमीशानवक्त्रमूर्ध्वमात्रम्। पूर्वबीजं नवात्मकसंबन्धी रेफः, सच पूर्वदिग्वक्त्रध्यानेऽपि परामर्शकत्वेन अनुसन्धेयः। सूक्ष्मं सर्वेन्द्रियविषयं पश्येत् तत्प्रकाशमयः स्फुरेत्। विमुच्यते जीवन्मुक्तिमासादयते ॥

यदि तु एतद्ध्यानवतः सिद्ध्यभिलाषो भवति, तदा

सिद्धिस्तु मानुषे लोके
षण्मासेन प्रजायते ॥ १४० ॥

तां दर्शयति

त्रैलोक्यदर्शने बुद्धिः
प्रत्यक्षा तस्य जायते ।

त्रैलोक्यदर्शनविषये साक्षात्काररूपा धीरस्य उदेति साक्षात्कृताशेषविश्वोऽयं भवतीत्यर्थः ॥

तथा

आक्रामेत्सर्वलोकांश्च

स्ववशान्कुर्यात् ॥

किंच

ईश्वरेण समो भवेत् ॥ १४१ ॥

देहस्थोऽपि ईश्वरभट्टारकतुल्यो भवति १४१

इदं च अस्येश्वरतुल्यत्वं, यत्

सोमार्कौ चक्षुषी स्यातां
चक्रे वै धी रथस्य तु ।

तन्मात्राणि हयास्तस्य
मनःसारथिचोदितः ॥ १४२ ॥
अहङ्कारो भवेद्योद्धा
गुणश्चास्य महाधनुः ।
इन्द्रियाणि शरास्तस्य
मृगो धर्मः प्रकीर्तितः ॥१४३॥

इह अनुन्मिषितविवेकप्रज्ञः सत्त्वादिगुणबद्धः पुर्यष्टकाविष्टोऽहङ्काराधिष्ठितमनःप्रवर्तितैरिन्द्रियैर्विषयानाहरन्धर्माधर्माभ्यां बध्यते । यस्तु ईश्वराराधनात्प्राप्ततत्साम्यो योगीन्द्रः, स देहावस्थितोऽपि पुर्यष्टकं रथमिव वासनात्मकतन्मात्रकेण बहिः प्रवर्तमानं विवेचिकया धिया चक्ररूपया सम्यक्सञ्चार्यमाणमारूढो ज्ञानशक्तिक्रियाशक्तिमयसोमार्काभ्यां चक्षुर्भ्यां विश्वमालोचयन्दीप्तेन्द्रियशक्तिग्रस्यमाने विषयग्रामे न कदाचित्पशुजनसुलभैर्धर्मादिविकल्पैः स्पृश्यते इति निस्त्रैगुण्यः पूर्णाहंभावमयोऽयम् । शिष्टं काव्यमात्रम् ॥ १४३ ॥

अतश्च

एवं स क्रीडते योगी
परमात्मनि हृत्स्थिते ।
पुण्यपापैर्वर्तमान
इच्छया परमेश्वरि ॥ १४४ ॥

एवं पूर्वोक्तनीत्या परमात्मनि हृत्स्थिते वर्तमानः

'सर्वज्ञः सर्वकर्ता च व्यापकः परमेश्वरः ।
स एवाहं शैवधर्मा इति दार्ढ्याच्छिवोदयः ॥' (१०९)

इति विज्ञानभैरवादिष्टनीत्या तदभेदविमर्शमयो योगी स इच्छया पुण्यपापैः क्रीडनप्रायैः क्रीडति न अस्य जातुचित् संस्पर्श इति यावत् ॥ १४४ ॥

अथ तीव्रतमशक्तिपाताभावादेवमस्य अभेदप्रतिपत्तिर्न प्ररोहति, तदापि धर्माधर्मबन्धप्रशमोपायमादिशति देवः कृपालुतया

नाहं कर्ता न मे बन्धः
सर्वमीश्वरकारणम् ।

मत्वा चेश्वरविज्ञानं
सर्वकर्माणि सन्त्यजेत् ॥१४५॥

इतिशब्दोऽध्याहार्यः ॥ १४५ ॥

अतश्च

धर्माधर्मस्य कर्तृत्वे
प्रेरको हृदि संस्थितः ।

सर्वस्य ॥

यः

तमहं शरणं प्राप्तो
न मे बन्धोऽस्ति कर्तृता ॥१४६॥
सदाशिवोऽष्टभेदेन
पूर्वबीजसमन्वितः ।
ध्येयः पूर्वोक्तरूपेण
तत्सिद्धिफलमिच्छता ॥१४७॥

अष्टभेदेनेति सकलादिमूर्त्यष्टकेन युक्तः । पूर्वबीजं नवात्मसंबन्धी हकारः । पूर्वोक्तेन भुवनाध्वनिरूपितेन रूपेण । तत्सिद्धिफलं तत्समत्वावाप्तिः ॥ १४७ ॥

एवं स्थूलमस्य ध्यानमुक्त्वा, सूक्ष्ममाह

नादं वै व्यापकं ध्याये-
दहोरात्रायनेषु च ।

व्यापकमिति पूर्वोक्तघोषादिशब्दाष्टकव्याप्तिरूपत्वादेव कालाधिकारोक्तप्राणापानरूपस्य अयनानां च दक्षिणोत्तरवाहरूपाणां व्यापकं सर्वेषां ध्वनिमयत्वात् । अत एव घण्टारवतुल्यात् स्थूलादैश्वरात् नादादयं विलक्षणः सर्वशब्दव्यापकः सूक्ष्मनादभेदः ॥

ध्यानतश्च अयं

दक्षिणोत्तरसंक्रान्त्या
विषुवज्ज्ञस्य मोक्षदः ॥ १४८ ॥

दक्षिणोत्तरसंक्रान्तिपश्चचषकान्ते पुटद्वयसमवाही यो यो विषुवत्संक्रान्तिकालस्तत्र यो नादं जानाति उपलभते, तस्य अयं मोक्षं ददाति ॥ १४८ ॥

अस्य स्वरूपं दर्शयति

वंशध्वनिसमप्रख्यः

शान्तनादस्तु स स्मृतः ।

सदाशिवः स विज्ञेयः

घोषादिविशेषरूपतोपशमात् शान्तः प्रोक्तस्थूलसदाशिवविलक्षणः ॥

अस्य च

ध्यानात्सिद्धिफलं शृणु ॥१४९॥

मासमात्रेण तेजस्वी

वागीशस्तु द्वितीयके ।

तृतीये पश्यते सिद्धा-

न्दिव्यदृष्टिश्चतुर्थके ॥ १५० ॥

या तु वलीपलितनाशादिरूपा, सा

सिद्धिस्तु मानुषे लोके

वत्सरार्धे न संशयः ।

किञ्च

दिव्या सिद्धिस्तथाब्देन

सायुज्यं तु द्वितीयके ॥१५१॥

द्वितीयेऽब्दे सदाशिवैकात्म्यमित्येवं पदं

भवति ॥ १५१ ॥

सदाशिवपदे नामध्यानमुक्त्वा, सप्रयोगं बिन्दुध्यानमाह

षण्मुखीकरणं कृत्वा
ध्यायेद्देवं सदाशिवम् ।

बिन्दुत्रयमित्यर्थः ॥

अङ्गुष्ठाभ्यां श्रुती नेत्रे
तर्जनीमध्यमाक्रमात् ॥१५२॥
शेषाभ्यां वृणुयाद्घ्राणे
षण्मुखे किल बद्धधीः ।

तद्ध्यानाच्च

दशधा वर्णरूपेण
दृश्यते च सदाशिवः ॥१५३॥

बिन्दुरूप इति अर्थात् ॥ १५३ ॥

सितं रक्तं च पीतं च
कृष्णं हरितपिङ्गलम् ।
नीलं चित्रकवर्णं तु
स्फटिकाभं मनोरमम् ॥१५४॥

स्फटिकाभं स्वच्छं, मनोरमं तु

'चन्द्रमण्डलसङ्काशं................ ।' (१५६)

इत्यादिवक्ष्यमाणरूपमुपादेयम् ॥ १५४ ॥

यदाह

दृष्ट्वा सर्वाणि रूपाणि
त्यजेत्तानि विचक्षणः ।
एकमेव तु गृह्णीया-
दन्ये तु गुणरूपकाः ॥ १५५ ॥

विचक्षणस्तत्त्वज्ञानाभिनिविष्टः । एकमिति मनोरमम् । अन्ये इति रूपविशेषाः । गुणरूपा अनुपादेयाः ॥ १५५ ॥

तदेकमाह

चन्द्रमण्डलसङ्काशं
विद्युत्पुञ्जनिभेक्षणम् ।
तारकाचलिताकारं
बिन्दुमेवं विलक्षयेत् ॥ १५६ ॥

विद्युत्पुञ्जनिभमीक्षणं प्रकाशो यस्य । तारकायाश्चलितस्य चलनस्य आकारो यस्य स्फुरत्तारकातुल्यमिति यावत् ॥ १५६ ॥

एवं सदाशिवस्य बिन्दोरीदृग्रूपं, यस्तु ईश्वरतत्त्वगतः; सः

निवृत्तिश्च प्रतिष्ठा च
विद्या शान्तिस्तथैवच ।
आभिः कलाभिः संयुक्तो
ध्यातव्यो बिन्दुरीश्वरः ॥१५७॥

अत एव एकादशबिन्दुस्वरूपप्रतिपादनावसरे

'........................दशदैवतसंयुतः ।' (११।१०)

इति ग्रन्थोऽस्माभिः—सद्योजातादिदेवतापञ्चकं, घण्टानादः, निवृत्त्यादिकलाचतुष्टयं च ध्येयं यदिह प्रतिपादितं—तदाशयेन तत्र प्रतिपादितः ॥ १५७ ॥

उपसंहरति

बिन्दुध्यानं समाख्यातं

ऐश्वरं सादाशिवं च द्विविधमपीति यावत्॥

शक्तिलक्षं निबोध मे ।

शक्तिर्लक्षं लक्षणं येन, तादृशं ध्यानं बुध्यस्वेत्यर्थः ॥

तदेवं

खं वीक्ष्य मीलिताक्षो य-
दुद्यद्भास्करसन्निभम् ॥ १५८ ॥

ईक्षते च महत्तेजः
 शक्तिः प्रभ्वीति सा स्मृता ।

खमिति ब्रह्मरन्ध्रम् । प्रभ्वी नादान्तान्ते प्रभवनशीला ॥

सा च तत्र

पीता रक्ता तथा कृष्णा
 स्फटिकाभा मनोरमा ॥१५९॥

द्रष्टव्या परमा शक्तिः

ज्ञानवशप्रकटीभूता ज्ञातव्या ॥

ततश्च

तां दृष्ट्वा शिवतां व्रजेत् ।

तत्पदोचिता परमशिवरूपा ॥

अथ

व्यापिनीं च ततश्चोर्ध्वे
 पञ्चरूपां विचिन्तयेत् ॥१६०॥

कारणैः स्वैः समोपेतां

व्याप्यादिभिः ॥

तां च

ध्यात्वा स्वच्छन्दतां व्रजेत् ।

समनादिपदासादनयुक्त्येति अर्थात् ॥

अथ पूर्वनिर्णीतरूपां क्रमेण

समनामुन्मनां चोक्तां

ध्यायेद्युक्तेन चेतसा ॥ १६१ ॥

अत्र च शक्त्यादिशिवान्तध्याने नवात्मसंबन्धी प्रणवो वाचकत्वेन परामृष्टव्यः । ध्यायेदिति स्वविमर्शबलेन विमृशेदिति यावत् १६१

अतश्च

ध्यानात्सिद्धिमवाप्नोति

यया असौ

व्यापकः प्रभुरव्ययः ।

समनाध्यानात्

'तत्रारूढस्तु कुरुते शिवः·········।' (१०।१२५८)

इति यः पूर्वमुक्तो व्यापकादिरूपः शिवः, तद्रूपो भवतीत्यर्थः ॥

उन्मनाध्यानात्तु

ततश्चोर्ध्वे शिवः शान्तः

समनान्ताशेषविश्वप्रशमात् शान्तः परमशिव एव भवतीत्यर्थः ॥

स च

पूर्वं वै कथितो मया ॥१६२॥

'शिवस्योर्ध्वे शिवो ज्ञेयो यत्र युक्तो न जायते ।'

इत्यादौ, तथा

'स्थूलसूक्ष्मप्रभेदेन तदेकं संव्यवस्थितम् ।' (४।२९५)

इत्याद्युद्देशेषु च ॥ १६२ ॥

इहापि तत्स्वरूपं दर्शयितुमाह

चक्षुषा यश्च दृश्येत
वाचो वा यश्च गोचरः ।
मनश्चिन्तयते यानि
बुद्धिर्यानि व्यवस्यति ॥१६३॥
अहङ्कृतानि यान्येव
यच्च वेद्यतया स्थितम् ।
यश्च नास्ति स तत्रैव
त्वन्वेष्टव्यः प्रयत्नतः ॥१६४॥

स इति चित्प्रकाशघनः परमशिवो भावाभावमये विश्वस्मिन्, त्रिजगति चित्प्रकाशैकात्म्येन प्रकाशमानोऽन्वेष्टव्यः प्रत्यभिज्ञेयः—यथा अयं सच्चिदात्मा प्रकाशो महेश्वरः यत्प्रकाशाभेदेन विश्वमिदंप्रकाशते प्रकाशबाह्यस्य कस्यापि

प्रकाशनानुपपत्तेः, यस्त्वेव विश्वप्रकाशात्मा स्वप्रकाशः प्रकाशः प्रकाशते, स एव अहमिति ॥

एवंविधस्य च परतत्त्वैकतानहृदयस्य न देशाश्रमादिनियमः कोऽपीत्याह

यत्र तत्र स्थितो देशे
यत्र तत्राश्रमे रतः ।
सुखासीनः संयतात्मा
एकचित्तः समाहितः ॥१६५॥
स्वच्छन्दं समनुस्मृत्य
अभावं भावयेत्सदा ।

सुखासीनो विदितवेद्यत्वात् प्राणायामाद्यायासरहितः । संयतात्मेति एकचित्तपदेन व्याख्यातः । समाहित इति व्युत्थानेऽपि परतत्त्वपरामर्शनिष्ठः । स्वच्छन्दं समनुस्मृत्येति विश्वाभासात्मचित्प्रकाशरूपत्वेन विमृश्य । अभावं भावयेदिति चित्प्रकाशव्यतिरिक्तं न किञ्चिदपि कदापि अस्तीति प्रत्यभिजानीयात् ॥

अतश्च

भावनात्तस्य तत्त्वस्य
तत्समश्चैव जायते ॥ १६६ ॥

देहावस्थायामपीति यावत् ॥ १६६ ॥

युक्तं च एतत्, यस्मात्

ये धर्मास्तस्य चाख्याताः
पूर्वं ते वरवर्णिनि ।

सर्वज्ञत्वादयः ॥

तैस्तु धर्मैः समायुक्तो
योगी वै भवति प्रिये ॥१६७॥

स्वरूपरूपकध्यानं
तत्त्वानां कथितं मया ।

स्वरूपं कठिनत्वादि, रूपकं पीतत्वादि ॥

अतश्च

एवं ज्ञात्वा च ध्यात्वा च
सिध्यते मुच्यतेऽपिच ॥१६८॥

सिद्धिरपि अत्रत्या मुक्तिपर्यवसायिनी एवेति शिवम् ॥ १६८ ॥

समस्ततत्त्वविभवपूर्णस्फारप्रथात्मकः ।
चिदानन्दघनः स्वात्मा स्वच्छन्दो जयति प्रभुः ॥

इति श्रीक्षेमराजविरचिते स्वच्छन्दोद्योते द्वादशः पटलः ॥

अथ

श्रीस्वच्छन्दतन्त्रम् ।

श्रीमन्महामाहेश्वराचार्यश्रीक्षेमराजकृतोद्द्योताख्य-
विवरणोपेतम् ।

(त्रयोदशः पटलः)

परामृतरसस्फारसारसंबोधबृंहितः ।
सर्वसंपत्प्रदः श्रीमान्स्वच्छन्दो जयति प्रभुः ॥

एवमियति द्वादशपटलान्तेऽस्मिन्ग्रन्थैकदेशे द्वाविंशतिरनुष्ठानभेदा दर्शिताः । तद्यथा मातृकाभैरवः, श्रीस्वच्छन्दभट्टारकः कपालीशादिभैरवाष्टकपरिवृतः,

'यस्त्वंशकविशुद्धः स्याद्भैरवोऽत्र वरानने ।
तं मध्यमस्थं संपूज्य तत्स्थाने मध्यमं न्यसेत् ॥' (८।२५)

इत्यंशकविचारोक्तग्रन्थदृशा कपालीशादिनाथाः स्वाम्यावरणवैचित्र्येण अवस्थिता अष्टौ, नवात्मा पृथक् पृथक् पदनवकभेदेन नवधा, सामुदायिकस्थित्या एकः, द्वात्रिंशद्देवीभिः परिवृतः कोटराक्षभट्टारकः, केवलो वा । अथ इदानीं

सकलदर्शनसारभूतं त्रयोविंशतितमं केवलमेव निष्कलनाथमयं स्वच्छन्दं

'स्वच्छन्दं समनुस्मृत्य............।' (१२।१६६)

इति पटलान्ते पटलसंगत्यर्थमासूत्रितं निर्णाययितुं श्रीदेव्युवाच

सारं यदस्य तन्त्रस्य
याग तु परमेश्वर ।
तमाख्याहि समासेन
साधकानां हिताय वै ॥ १ ॥

इज्यते इति यागः सर्वतन्त्रसारभूतो निष्कलनाथः, यजनं यागस्तदाराधनप्रकारस्तं द्विविधं कथय ॥ १ ॥

एवंप्रश्नितः श्रीभैरव उवाच

मूलबीजाक्षरं मन्त्र-
नायकं परमीश्वरम् ।
प्रणवासनमारूढ-
मङ्गवक्त्रैः समन्वितम् ॥ २ ॥
पूर्वोक्तद्रव्यसंघातैः
पूजयेत्परमेश्वरम् ।

परं मूलबीजात्मकमक्षरं चतुष्कलभट्टारकम् । ईश्वरमिति स्वच्छन्दभैरवं देवतारूपम् । परमेश्वरं सर्वप्रभुम् । मन्त्राणामावरणगतानां सर्वेषां वाचकम् । प्रणवासनादि प्राग्वत् । अङ्गैरिति सर्वज्ञत्वादिपरमार्थैः

'सान्तं दीर्घस्वरैः षड्भिः ………… ।' (१।७१)

इति पूर्वोक्तैः, वक्त्रैश्चेति

'यादिवान्तान्यक्षराणि संहारेण युतानि च ।' (१।४५)

इति पूर्वोक्तैरेव, नतु श्रीकालोत्तरोक्तनिष्कलाभिन्नप्रायव्यास्तिकप्रासादभट्टारकबुद्ध्यसु(?)पञ्चकसंभिन्नहकारात्मकैरिति व्याख्येयं

'क्रियादिभेदभेदेन तन्त्रभेदो यतः स्मृतः ।
तस्मात्तत्र यथोक्तं तत्कर्तव्यं नान्यतन्त्रतः ॥'

इति श्रुतेः । तेन यथोक्तैरेव अङ्गवक्त्रमन्त्रैः सम्यगिति अभेदेनैव अन्वितं, नतु आवरणस्थित्येत्यर्थः । अत एव श्रीमदघोरेश्वर्यापि अभेदेनैव अन्वितम् ।

'तस्य देहार्धगां गौरीमुत्सङ्गे वा प्रकल्पयेत् ।'

इति यद्यपि शाक्तस्फारप्रधानेषु शास्त्रेषु कल्पिता श्रुतिरस्ति, तथापि इह अङ्गवक्त्रमन्त्रवत् शक्तिमत्स्वरूपाभिन्नैव असाविति गर्भीकृ-

तशाक्तस्फार एव अयमत्रत्यः शक्तिमन्मन्त्रः । पूर्वोक्तमित्यनेन मूर्तिन्यासकलान्यासादि सर्वं संगृहीतं, केवलं सकलन्यासो निष्कलनाथेनैव सकलनिष्कलव्यापिना कार्यः । भगवत्कोटराक्षस्य पश्चादस्य उक्तत्वात् तद्वत् दशभुजोऽयमिति केचित्, स्वच्छन्दनाथत्वादष्टादशभुज एवेति गुरवः । द्रव्यसङ्घातैरित्यनेन सिद्ध्यङ्गं यजनं महासम्भारेण कर्तव्यमिति ॥

नियतपूजितस्य अस्य

स एव होमविन्यासः

संस्कृते अग्नौ विन्यस्तस्य भगवतः शतं सहस्रं वा अष्टोत्तरमाज्यादिना पूर्णान्तो होमः कार्य इत्यर्थः । एतच्च शिवधर्मिसाधकदीक्षादीक्षितस्य कर्म आरम्भणीयं वा अन्यस्य ॥

तस्य च

दीक्षा सैव प्रकीर्तिता ॥ ३ ॥

सैव पूर्वोक्तैव ॥ ३ ॥

एवं पूर्वोक्तशिवधर्मिदीक्षादीक्षितो भगवति अर्चातर्पणे विधाय

दशलक्षं जपेद्यस्तु
एकचित्तः समाहितः ।
समुद्रगसरित्तीरे
सहायैः परिवर्जितः ॥ ४ ॥
होमयेन्नरमांसस्य
लक्षमेकं सगुग्गुलम् ।
जितेन्द्रियैकचित्तस्तु
ब्रह्मचर्ये व्यवस्थितः ॥ ५ ॥
असाध्यं साधयेद्देवि
नात्र कार्या विचारणा ।

एकत्र निष्कलभट्टारके एव जप्यमाने चित्तं
यस्य, अत एव समाहितः । समुद्रगा च असौ
सरिदिति महानदीत्यर्थः । सहायैः परिवर्जित
इति यथा आराध्यो देव एकवीरस्तथा आरा-
धकोऽपीत्यर्थः ।

'............यथा होमस्तथा जपः ।'
इति नीत्या होमेऽपि एकचित्तत्वादि उक्तम् ॥

किञ्च अस्य

यानि कानीह कर्माणि
चतुष्पीठस्थितानिच ॥ ६ ॥
अधमान्यथ मध्यानि
ह्युत्तमानि वरानने।
तानि सिद्ध्यन्ति देवेशि
भैरवस्य वचो यथा ॥ ७ ॥

विद्यामन्त्राणां पीठचतुष्टयात्मनि पारमेशे शास्त्रे यानि कर्माणि कार्याणि इह जगति पातालाकाशतत्त्वतत्त्वेश्वरव्याप्तिहेतुभूतानि अधमादिरूपाणि स्थितानि, तानि कृतपूर्वसेवस्य योगिनः सिद्ध्यन्तीति योज्यम्; नतु कुहकवाद्यादीनि अधममध्यमादिरूपाणीति व्याख्येयं

'कृतान्यपि हि कर्माणि सिद्ध्यन्ति जपलक्षतः।'

इति पूर्वं परिमितपूर्वसेवासाध्यत्वेन एषां चोदितत्वात्। भैरवस्य वचो यथेत्यनेन नात्र मायाप्रमातृसुलभः संशयो ग्राह्य इति आदिशति ॥ ७ ॥

अथ इदानीं मुख्यसिद्धिसाधनपरस्यापि अस्य साधकस्य क्वचित् क्वचिदवसरे उपयोगीनि

प्रकृत्यादिवश्यानि कर्माणि द्रव्यमन्त्रयुक्तिसाध्यानि आर्यादिवृत्तान्तरैरादेष्टुमाह

अथातः संप्रवक्ष्यामि
कारिकाकोशमुत्तमम् ।
यं ज्ञात्वा देवदेवेशि
विचरन्तीह साधकाः ॥ ८ ॥

'स्वल्पाभिधानेनार्थो यः समासेनोच्यते बुधैः ।
सूत्रतः सानुसर्तव्या कारिकार्थोपदर्शिनी ॥'

इतिलक्षितानां कारिकाणां कोशं समूहम् । उत्तममिति वीरविषयत्वादविघ्नफलविषयमित्यर्थः । अत एव विचरन्तीति करतलप्राप्तसर्वसिद्धिका यथारुचि विलसन्तीत्यर्थः ॥ ८ ॥

तत्र

अभिमुखखड्गनिपातित-
शूरशिरः शोणितं समादाय ।
रक्तालक्तकलिखितं
साध्यतनौ मन्त्रयुक्तमभिधानम् ॥९॥
प्रेतानले सुतप्तं
विधाय निशि यत्कृते शतं जपति ।

असुरेन्द्रचक्रवर्तिन-
मसुरेन्द्रगुरुं वा तमानयत्यनिलवेगात्

शिरः कपालं, शोषितं निर्मांसीकृतं, रक्तेन प्रेतसम्बन्धिना सहितमलक्तकं रक्तालक्तकं तेन लिखितं, मन्त्रयुक्तमिति तद्विदर्भितमिति पञ्चमप्रयोगे

'मन्त्रविदर्भित.......... ।' (१६)

इत्युक्तेः, ज्ञातं तच्च ललाटे लेख्यम्, यद्वक्ष्यति सप्तमे प्रयोगे

'नाम च तस्य ललाटे......... ।' (२०)

इति, अभिधानं साध्यनाम नयेत्यूहान्तं साध्यतनावेव तद्द्वयोल्लिखिते साध्यदेहे प्रेताग्नौ निशि सुष्ठु तप्तं विधाय यस्य साध्यस्य कृते तद्दिगभिमुखं यथालिखितं शतं जपति, तं साध्यं यथाविनियोगाय वायुवेगादिति अतिशीघ्रमानयति ॥ १० ॥

प्रेतालक्तकलिखितं
नरशिरसि प्रेतवह्निसन्तप्तम् ।
यमलोकादप्यचिरा-
दानयति बलेन पूर्ववत्साध्यम् ११

पूर्ववत्साध्यं मन्त्रयुतं साध्यनाम शतं जप- तीति अनुवर्तते । प्रेतालक्तकं प्रेतशरीरोत्थं रक्तम्। नरशिरसीति अशूरसम्बन्धिनि अपीति पूर्वस्माद्विशेषः ॥ ११ ॥

मृतनार्या वामपदा-
दुद्बद्धायास्तु पांसुलीं समादाय ।
रुधिरालक्तकरोचन-
या साध्यतनुं मन्त्रसंयुक्ताम् १२
खदिरानले सुतप्तां
रात्र्यर्धे संमुखो जपशतेन ।
आनयति शचीमहल्या-
मथवा दिवसस्य शतभागात् १३

संयुक्तामित्यन्ते लिखितामिति योज्यं सुत- प्तामित्यत्र कृत्वेति । रोचना इह नररक्ता । पांसुली पार्ष्णिकास्थीति अन्ये। दिवसस्य शत- भागेति सूक्ष्मः कालः ॥ १३ ॥

उद्बद्धस्त्रीतनुवा-
मांघ्रेः पांसुलीं समादाय ।

प्रेतालक्तकनिजरुधि-
रगेचनाभिर्विलिख्य साध्यतनुम् १४
प्रेतानले सुतप्तां
शताभिजप्तां स्वनाममन्त्रयुताम् ।
कृत्वा यक्षसुरासुर-
पन्नगनारीः समानयत्याशु ॥ १५ ॥

पूर्वं प्रेतरक्तं, इह तु निजरक्तमिति विशेषः॥

निजवामकरेऽलक्तक-
रोचनया साध्यनाम परिलिखितम् ।
मन्त्रविदर्भितमेत-
ज्जपशतयुक्तं सुतापितं रात्रौ॥१६॥
खदिरानले विधूमेऽ-
सुरगुरुमप्यानयत्यनिलवेगात् ।

विदर्भितं नाम्नोऽन्ते। मन्त्रविन्यासः पूर्वमेव दर्शितः ॥

साध्यमभिधानलिखितं
भूमितले गैरिकेण रक्तेन ॥ १७ ॥

गन्धोद्वर्तितवाम-
हस्तेन तु तत्त्वबीजयुक्तेन ।
आक्रम्य भूमिलिखितं
साध्याभिमुखोऽर्धरात्रकाले तु १८
क्षितिपतिमपि सामात्यं
चानयति निमेषशतभागात् ।

अभिधानद्वारेण प्राग्वत् मन्त्रविदर्भितेन लिखितं कृत्वा । गैरिकं हिङ्गुलकम् । रक्तेन प्रेतोत्थेनैव अत एव भूमितलमेतत् श्माशानिकम् । अत्र च प्राकरणिकः शतजापयोगः स्थित एव ॥

नृकपालमध्यलिखितं
रोचनया रक्तमिश्रया साध्यम् ॥१९॥
नाम च तस्य ललाटे
मन्त्रेण विदर्भितं समालिख्य ।
गन्धोदकेन लिप्तं
नृकपालं वै द्वितीयमादाय ॥ २० ॥
कृत्वा कपालसंपुट-
मथ मृतसूत्रेण वेष्टयेत्सम्यक् ।

खदिराङ्गारसुतप्तं
सिक्थकलिप्तं तु तत्पुनः कृत्वा २१
यावत्सिक्थकमेत-
त्कपाललग्नं विलीयते तावत् ।
सुरपतिमप्याकर्षति
जपशतयोगान्निमेषमात्रेण ॥ २२ ॥

मृतसूत्रेण वक्ष्यमाणछुम्मकायुक्तया मृतस्नायुना । जपोऽत्र रात्रावेवेति स्थितमेव ॥२२॥

भित्तौ गैरिकलिखितं
मन्त्रार्णविदर्भितं तदभिधानम् ।
साध्याभिमुखो रात्रौ
वामकराक्रान्तमथ जपन्क्रुद्धः ॥२३॥
क्रोङ्काराङ्कुशयोगा-
दानयति सुरासुरान्क्षिप्रम् ।

भित्ताविति श्माशानिक्याम् । तदभिधानमिति आनयनेप्सितसुरासुरनाम । क्रोङ्काराङ्कुशयोगादिति अङ्कुशाकारलिखितक्रोङ्कारवामकराक्रान्तिवशादित्यर्थः ॥

रणशस्त्रघातपतितं
नरपिशितं त्रिमधुसंयुतं जुहुयात्२४

विपरीतचक्रमुद्रां
बद्ध्वा साध्यं तु निक्षिपेन्मध्ये।
संपीडितकरसंपुट-
विह्वलवक्त्रं करान्तरे ध्यात्वा ॥ २५ ॥

आनयति महापुरुषं
क्षितिपतिमपि दिवसशतभागात्।

'भ्रमेणाङ्गुलिकाभ्यां स्याच्चक्रं दुष्टविकर्तनम्।'

इति प्रसारिताङ्गुलिकोत्तानवामोपरिनिविष्ट-दक्षहस्तस्य प्रसारिताङ्गुलिकस्य तलसङ्घर्षेण, वामकनीयसीपार्श्वप्राप्तदक्षतर्जन्या भ्रमणात् या चक्रमुद्रा आगमेषु स्थिता, तां विपरीतामिति वामकनीयसीपार्श्वाद्दक्षिणस्यान्तःप्रवेशेन बद्ध्वा तन्मध्यगतं साध्यं करपीडनविह्वलीभूतं ध्यात्वा मन्त्रविदर्भितं साध्यनाम शतसंख्यया जप्त्वा प्रोक्तद्रव्येण निशि होमं कुर्वन्नृपतिमपि विधेयीकरोतीत्यर्थः। रात्रौ श्मशाने जपहोमादि प्राकरणिकमत्र स्थितमेव ॥

शितशस्त्रपातरहित-
ध्वजनरशीर्षं प्रगृह्य लक्ष्मयुतम् २६

तत्र त्रिरूपगदितं
धाम लिखित्वाभिपूजयेद्यस्तु ।
तस्य हरिपवनकमलज-
धनदयमेन्द्राः ससिद्धगन्धर्वाः ॥२७॥

विविधवरसिद्धिजातं
विदधति विचित्रास्तथापराः सिद्धीः ।

आदौ शस्त्रेण अक्षतो यो ध्वजे नरस्तस्य शीर्षं शूलारोपितपुरुषकपालम् । तत्र प्राग्वत् शोषिते त्रिरूपगदितमिति आकृतिमन्मुखलिङ्गरूपम-व्यक्तलिङ्गाकृति धाम मूलमन्त्रवाच्यं दैवतं लिखित्वा उत्कीर्य यो नित्यमर्चति, असौ लोकपालानपि वशीकुर्यात् ॥

एतदेव भङ्गया स्फुटयति श्लोकद्वयेन

व्यक्ताव्यक्तं तथा व्यक्त-
मव्यक्तं तु त्रिरूपकम् ॥ २८ ॥

धाम चाराधयेत्सम्यक्
तत्र यस्तु विचक्षणः ।
जायते त्रिविधा सिद्धि-
र्गिरिराजतनूद्भवे ॥ २९ ॥
सुनिश्चितमतेः सम्यक्
गिरिराजस्य तस्य वै ।

तत्रेति त्रिशूलारोपितनरकपाले। गिरिराजस्येति वक्ष्यमाणछुम्मकादृष्ट्या साधकेन्द्रस्य ॥

अत्र द्रव्यविशेषहोमसाध्यं वशीकारमाह

रक्तचन्दनधूलिं तु
राजिकां लवणं तथा ॥ ३० ॥
पादधूलिं तु साध्यस्य
एकीकृत्य तु पेषयेत् ।
जपन्स्वच्छन्ददेवं तु
निर्मथ्यंश्च करद्वयम् ॥ ३१ ॥
चिताग्नौ जुहुयाच्चूर्णं
चाण्डालाग्नावथापिवा ।

साध्यस्याभिमुखो भूत्वा
प्रयोगमिममाचरेत् ॥ ३२ ॥
शतमेकं जपेद्याव-
त्तावदाकर्षयेन्नृपम् ।

पादधूलिः पुंसो दक्षिणात् पादात् नार्या वामात् गृहीतव्या । प्रणवं निष्कलनाथं नमोऽन्तमुच्चार्य अमुको मे वशीभवतु स्वाहेत्यूहान्तो मन्त्रो जपे होमे च प्रयोक्तव्यः ॥

एवमाकृष्टश्च असौ साधकस्य

वशमायाति भूनाथ
आत्मना च धनेन च ॥३३॥

न अत्र संशयः कार्य इत्याह

सिद्ध एष प्रयोगस्तु
नान्यथा ते वदाम्यहम् ।

एवं वशीकृतौ प्रयोगदशकमुत्तमादिसिद्ध्यर्थं च प्रयोगमुक्त्वा, स्तम्भने प्रयोगमाह

तामेव धूलिं संगृह्य
लोहचूर्णविमिश्रिताम् ॥ ३४ ॥

श्मशानचीरके बद्ध्वा
सप्तजप्तां चतुष्पथे।
निखन्याष्टांगुलं भूमौ
रिपुनामसमन्विताम् ॥ ३५ ॥
निक्षिपेद्यस्य नाम्ना तां
स क्षणात्स्तम्भितो भवेत्।

श्मशानचीरके शववस्त्रखण्डे। सप्तजप्तामिति अमुकं स्तम्भयेत्यूहभाजा निर्दिष्टमन्त्रेण ॥

उन्मादे प्रयोगमाह

तामेव धूलिं संगृह्य
पञ्चकोन्मत्तसंयुताम् ॥ ३६ ॥
बद्ध्वा तां प्रेतवस्त्रेण
रिपुनामसमन्विताम्।
शतजप्तां तु तां कृत्वा
श्मशाने निखनेद्द्रुतम् ॥ ३७॥
भवत्युन्मत्तकः साध्यः

पञ्चविधमुन्मत्तकं मूलकाण्डपत्रपुष्पफलाख्यावयवपञ्चकयुक्तं धत्तूरकम्। अत्रापि अमुकमुन्मादयेत्यूहः कार्यः ॥

अस्य प्रत्यानयनमाह

उद्धृतायां तु मुच्यते ।

निवृत्तोन्मादो भवति ॥

कथमित्याह

उद्धृतं वस्त्रमादाय
क्षीरेण परिशोधयेत् ॥ ३८ ॥

प्रत्यानयनमेतद्धि
सिद्धमेव न संशयः ।

उद्धृतं श्मशानभवनादाकृष्टम् ॥

पुनरपि आकर्षणे प्रयोगान्तरमाह

अथ रक्ताश्वमारस्य
कुसुमानि समाहरेत् ॥ ३९ ॥

शतमष्टोत्तरं तेषां
शतजप्तं तु कारयेत् ।

सकृज्जप्तेन पुष्पेण
लिङ्गमूर्धनि ताडयेत् ॥ ४० ॥

एवं दिने दिने कुर्या-
द्दशाहं सुसमाहितः ।

रक्ताश्वमारस्य लोहितकरवीरस्य प्रोक्तेतिकर्तव्यताकानि पुष्पाणि प्रत्यहं गृहीत्वा पृथक् पृथक् सुरक्षितानि स्थापयेत् ॥

ततस्त्वेकादशैतानि
संगृह्य कुसुमानि तु ॥ ४१ ॥
महानदीं ततो गत्वा
तत्रैकैकं प्रवाहयेत् ।
आनुपूर्व्येण सर्वाणि
सकृज्ज्ञात्वा तु मन्त्रवित् ॥४२॥

प्रथमदिनपुष्पाणामादौ प्रवाहणं, ततो द्वितीयादिदिनपुष्पाणामिति आनुपूर्व्यार्थः ॥४२॥

यत्तेषां पश्चिमं पुष्पं
प्रतिस्रोतः प्रयाति हि ।

ऊर्ध्वं वहतीत्यर्थः ॥

तद्गृहीत्वाम्बुसंमिश्रं
दन्तैरस्पृष्टमापिबेत् ॥ ४३ ॥

पीतजलं कुर्यात् ॥ ४३ ॥

ततोऽश्वमारकुसुमं
रक्तं वै शतमन्त्रितम् ।

तर्जन्यग्रे तु तत् कृत्वा
अङ्गुष्ठेनाक्रमेद्बुधः ॥ ४४ ॥

दक्षिणेन ॥ ४४ ॥

अथ

भ्रामयेत्सव्यतः पुष्पं
यस्य नाम्ना तु मन्त्रवित् ।
स्वच्छन्दं जपमानस्तु
तमाकर्षयते द्रुतम् ॥ ४५ ॥

सव्यत इति दक्षिणे पार्श्वे। अत्रापि अमुकमाकर्षयेति प्रयोगः ॥ ४५ ॥

आकृष्टस्य विसर्जने प्रयोगमाह

अपसव्यं भ्रामयित्वा
पुनस्तस्य विसर्जनम् ।

अपसव्यं वामपार्श्वे तदश्वमारपुष्पं भ्रामयन्साधकस्य यथोपयोगं विनियुक्तस्य विसर्जनं करोतीति शिवम् ॥

स्वातन्त्र्यशक्त्या परया नानाश्चर्यप्रदर्शकः ।
जयत्यनुग्रहकरः स्वच्छन्दः परभैरवः ॥

इति श्रीस्वच्छन्दोद्योते क्षेमराजकृते त्रयोदशः पटलः ॥१३॥

अथ

श्रीस्वच्छन्दतन्त्रम् ।

श्रीमन्महामाहेश्वराचार्यश्रीक्षेमराजकृतोद्योताख्य-
विवरणोपेतम् ।

(चतुर्दशः पटलः)

मोचयति पाशजालाद्द्रावयति भिदं मुदं राति ।
मुद्रयति विघ्नतस्करलुण्ठनतो मन्त्रसिद्धिसङ्घातम् ॥
तत्तत्संवित्स्फारानुकृतिरूपान्व्यनक्ति या शम्भोः ।
आकृतिरूपा मुद्रा जयति विभोरर्चनादिनिर्वर्त्या ॥

त्रयोदशभिः पटलैः समय्यादिचतुष्टयनिर्वर्त्यनित्यनैमित्तिककाम्यकर्म सम्पूर्णमुदितम् । तत्र रक्षासन्निधितदनुप्रवेशादिप्रयोजनं

'मुद्रां प्रदर्शयेत्पश्चात्त्रिधा त्रैकाल्यकर्मणि ।' (२।१०२)

इति यत् पूर्वं कायवाङ्मनोनिर्वर्त्यमुद्रास्वरूपमुक्तम्, तत् विवक्षुः श्रीभैरव उवाच

मुद्राणां लक्षणं वक्ष्ये
अस्मिंस्तन्त्रे यथास्थितम् ।

अस्मिंस्तन्त्रे प्रोक्तप्रयोजना भगवदायुधानु-

काररूपा या मुद्राः, तासां लक्षणं तत्त्वव्यवस्थापकं रूपं वक्ष्यामीति प्रतिजानाति ॥

अत्र यद्यपि

'..............खड्गखेटकधारिणम् ।' (२।९०)

इति आयुधक्रम उक्तः, तथापि

'कपालं चैव खट्वाङ्गमनुक्तेषु प्रयोजयेत् ।' (२१)

इति भाविनीत्या कपालखट्वाङ्गयोः सर्वावरणगतदेवतासाधारणत्वात् श्रीकोटराक्षभट्टारकविषये च तयोः प्राधान्यादादौ तन्मुद्रालक्षणमाह

उत्तानमञ्जलिं कृत्वा
कपालं परिकीर्तितम् ॥ १ ॥

एषा च विश्वसमाहरणप्रवृत्तसंवित्स्वरूपानुकारिणी । यदुक्तं मयैव श्रीभैरवानुकरणस्तोत्रे

'शाक्ताण्डखण्डमध्ये विश्वरसमेवमहं समाहरामि सदा ।
व्यञ्जयसि करकपालगरुधिरमिषादेतदिव मेऽन्तः ॥'

इति । यद्यपि

'..................मुण्डखट्वांगधारिणम् ।' (२।९१)

इति पूर्वं पठितं, तथापि इह कपालमुद्रोक्तेर्मुण्डस्थाने कदाचित्कपालं भवतीत्यादिशति । मुण्ड-

मुद्रापि खड्गवत् मुष्टिदर्शं दर्शनीया ॥ १ ॥

तिर्यक्कृत्वा करं वामं
कनिष्ठाद्यङ्गुलित्रयम्।
अङ्गुष्ठेनाक्रमेद्देवि
ऋज्वीं कृत्वा प्रदेशिनीम् ॥२॥
पराङ्मुखं करं कृत्वा
स्कन्धदेशे निवेशयेत्।
खट्वाङ्गं कीर्तितं ह्येतत्

वाममितिनिर्देशात् कपालमुद्रा दक्षिणेन निर्देश्येति ध्वनति। तथाच श्रीमालिनीविजये

'निम्नं पाणितलं दक्षमीषत्तत्कुञ्चिताङ्गुलि।
कपालमिति विज्ञेयम्··············॥' (१७।२३)

इति। अङ्गुलित्रयमिति मुष्टिसंनिवेशेन स्थितमित्यर्थात्। पराङ्मुखमिति स्कन्धापेक्षया। एतन्मुद्रासतत्त्वमपि तत्रैव स्तोत्रे प्रदर्शितं

'निःशेषाहृतसारा मय्येव जगत्स्थितिस्तदेकमये।
इति खट्वाङ्गकरङ्कोद्वहनच्छलतो ददास्याज्ञाम्।'

इति ॥

अथ

खड्गमुद्रां निबोध मे ॥ ३ ॥

अङ्गुष्ठेनाक्रमेद्देवि
सकनिष्ठामनामिकाम्।
मध्यमां तर्जनीं चोर्ध्वे
खड्गमुद्रा प्रकीर्तिता ॥ ४ ॥

स्कन्धक्षेत्रे पराङ्मुखदक्षकरप्रदर्शनीया एषा कृत्वेति शेषः। यदुक्तं तत्रैव

'अन्तःशक्तिकृपाणीं व्यनक्षि संसृतिविभेदिनीमसिना
निजशक्तिमहिमस्वीकृतसमस्तविश्वा हि वीरवराः ॥'

इति ॥ ४ ॥

मुष्टिं बद्ध्वा कनिष्ठां च
प्रसार्येत वरानने।
आत्मनः संमुखं कृत्वा
स्फरस्ते कथितो मया ॥ ५ ॥

कृत्वेति वामहस्तमित्यर्थात्। स्फर इति स्फर इत्युच्यमानम्। उक्तं च तत्रैव

'भवभयहर्ता सोऽहं स्फराख्योऽवस्थितोऽसि मा भैष्ट।
इत्यास्फोटितखेटकदर्शनतो दिशसि नः स्वामिन् ॥'

इति ॥ ५ ॥

मुष्टिं बद्ध्वा तु देवेशि
तर्जन्यूर्ध्वं तु कुञ्चयेत्।

अङ्कुशः कथितो ह्येष

दक्षिणपाणिं निर्वर्त्य । उक्तं च तत्रैव

'भेदमयमखिलमेतन्निजशक्त्यैवाक्षिपामि संहर्तुम् ।
इत्यङ्कुशधारणतः स्फुटयति परभैरवोऽस्माकम् ॥'

इति ॥

अथ वामपाणिना प्रदर्श्यां

पाशमुद्रां निबोध मे ॥ ६ ॥

तर्जनीं वर्तुलां कृत्वा

मूलेऽङ्गुष्ठस्य योजयेत् ।

पाशस्तु कथितो ह्येष

दुष्टजालनिबन्धकः ॥ ७ ॥

अङ्गुष्ठस्येति तत्स्थाने मुष्ट्याकृतिवामसम्बन्धिनः । दुष्टजालं विघ्नसमूहः । अस्यापि तत्रैव तत्त्वं प्रदर्शितं

'निजशक्तिपाशवलितश्छिन्नरसना कल्यते महाकालः ।
इति पाशधारणवशात्प्रथयानः कालकालस्त्वम् ॥'

इति ॥ ७ ॥

मुष्टिं बद्ध्वा वरारोहे

संप्रसार्य प्रदेशिनीम् ।

नाराचस्तु समाख्यातः
समासात्तव भैरवि ॥ ८ ॥

संप्रसार्येति धनुरारूढनाराचवत्पार्श्वस्थित्येत्यर्थः। अस्यापि समनन्तरवक्ष्यमाणपिनाकमुद्रासहितस्य तत्रैव स्वरूपं निर्णीतं

'कोदण्डारूढशरप्रदर्शनाद्ब्रह्मविष्णुरुद्रेशान्।
ससदाशिवकारणहरिणाङ्कछत्त्या भिनत्सि युगपत्त्वम्॥'

इति ॥ ८ ॥

मुष्टिं बद्ध्वा प्रसार्येत
तर्जन्यङ्गुष्ठकं प्रिये।
अग्रे निकुञ्चयेत्किञ्चि-
त्पिनाकं परिकीर्तितम् ॥ ९ ॥

पिनाकं धनुः। अग्रे किञ्चिदाकुञ्चनात् धनुराकार एव सन्निवेशो भवति। अस्यापि सतत्त्वमुक्तमेव ॥ ९ ॥

अग्रप्रसारितो हस्तः
श्लिष्टशाखो वरानने।

पराङ्मुखं तु तं कृत्वा
त्वभयः परिकीर्तितः ॥ १० ॥

पताकहस्तो दक्षिणः स्वशरीरपराङ्मुख उत्थित इत्यर्थः। उक्तं च तत्रैव

'अभयेन च भयान्युन्मूलयता प्रकाश्यते सततम्।
विश्वानुग्रहकरणस्वभावता तव करण तेन ॥'

इति ॥ १० ॥

वामं भुजं प्रसार्यैव
जानूपरि निवेशयेत्।
प्रसृतं दर्शयेद्देवि
वरः सर्वार्थसाधकः ॥ ११ ॥

उक्तं च तत्र

'वरदेन पाणिना त्वं विश्वविभूतिप्रदत्वमभिनयसि।
न खलु परतत्त्वनिष्ठो वित्तमलैः स्पृश्यते जातु ॥'

इति ॥ ११ ॥

घण्टाकारं करं वामं
कृत्वा चैव त्वधोमुखम्।
दक्षहस्तस्य तर्जन्या
घृषेद्घण्टा प्रकीर्तिता ॥ १२ ॥

अस्यापि वक्ष्यमाणवीणाडमरुमुद्राभ्यां सह तत्रैव सतत्त्वं दर्शितं

'वीणाघण्टाडमरूनुद्रामरदर्शयन्निदं दिशसि ।
वृत्तित्रिभेदभिन्नं नादामर्शं निभालयन्नन्तः ॥'

इति ॥ १२ ॥

कनिष्ठिकां समाक्रामे-
दङ्गुष्ठेन समाहितः ।
प्रसार्य चाङ्गुलीस्तिस्र-
स्त्रिशूलं परिकीर्तितम् ॥ १३ ॥

समाहित इति । तत्तत्संवित्स्फारात्मकवीर्यसारतां सर्वमुद्राणामनुसन्दधीतेति अनेन आदिशति । वीर्यं च अस्य तत्रैव दर्शितं

'ज्वलदिच्छादिकशक्तित्रितयां तां सुन्दरां परां शक्तिम् ।
देवानुकरोषि बहिस्त्रिशूलधारणमिषेण नित्यमपि ॥'

इति । एषा च पराङ्मुखी जन्माधारात् प्रोल्लसच्छिखिशिखारूपा बिन्द्वन्तमेत्य अरात्रयोल्लासेन द्वादशान्ते प्राप्तस्थितिर्निबन्धनीयेति गुरवः ॥ १३ ॥

दण्डो वै मुष्टिबन्धेन

अनुकार्य इति शेषः । उक्तं च स्तोत्रे

'जगदखिलं मच्छक्त्या दमितं सर्वा व्यवस्थितीर्धत्ते ।
इति दण्डधारणवशाद्व्यनक्ति चिह्नैरवोऽस्माकम् ॥'

इति । गुरवस्तु

'दण्डाख्यामृष्टसौषुम्ननाडीपथविराजिता ।'

इति ॥

वज्रमुद्रां निबोध मे ।
वामहस्तमधः कृत्वा
उत्तानं तु समाहितः ॥ १४ ॥
दक्षं चाधोमुखं कृत्वा
त्वङ्गुष्ठं च कनिष्ठिकाम् ।
उभयोरपि सङ्कृष्य
वज्रमुद्रां प्रदर्शयेत् ॥ १५ ॥

उत्तानमिति विरलं प्रसारिततर्जनीमध्यानामिकं दक्षं च तादृशमेव तदुपरि पराङ्मुखं न्यस्तमुभयोः परस्परमङ्गुष्ठकनिष्ठिकाबन्धनेन पार्श्वकृतकूर्परविन्यासेन पार्श्वसन्निविष्टतामस्याः सूचयति । वीर्यं च तत्रैव दर्शितम्

'इच्छादिकनिजशक्तिप्रकाशिताधःस्थगोचरत्रितयाम् ।
स्वामेव परां शक्तिं वज्रमयीं वहसि षडरां त्वम् ॥'

इति । गुरवोऽपि

'वज्रमुद्रा बन्धकर्त्री सुस्थितिः स्वस्तिकायते ।'

इति ॥ १५ ॥

डमरुं मुष्टिबन्धेन
दक्षहस्तस्य सुव्रते ।
सुषिरेण समायुक्तं
दर्शयेत्तु वरानने ॥ १६ ॥

तत्त्वमस्याः प्रदर्शितमेव ॥ १६ ॥

मुद्गरं तु प्रवक्ष्यामि
हस्तौ द्वौ संप्रसारयेत् ।
मुद्गरः कथितो ह्येष

संप्रसारयेदिति संमुखौ प्रसारयेत् परस्परसंलग्नाविति अर्थात् । अस्या अपि परशुमुद्रया सह तत्रैव तत्त्वं दर्शितं

'मुद्गरपरशू बिभ्रद्बैन्दवनादानुकाररूपौ त्वम् ।
भेदविभेदनशकलनपरत्वमीशान निर्दिशसि ॥'

इति । गुरवोऽपि

'गाढग्रन्थिगणास्फोटो मुद्गरेण प्रवर्तते ।'

इति । श्रीपूर्वशास्त्रे तु मुद्गरमुद्रा त्रिशिखा दर्शिता । तथाच

'करावूर्ध्वमुखौ कार्यावन्योन्यान्तरिताङ्गुली ।
अनामे मध्यपृष्ठस्थे तर्जन्यौ मूलपर्वतः ॥
मध्ये द्वे तु युते कार्ये कनिष्ठे परुषावधि ।
तर्जन्यौ मध्यपार्श्वस्थे विरले परिकल्पिते ॥
मुद्गरस्त्रिशिखो ह्येष क्षणादेवोपकारकः ।' (७।२७)

इति ॥

अथ

वल्लकीं च निबोध मे ॥ १७ ॥

वल्लकीं वीणाम् ॥ १७ ॥

हस्तौ प्रसारयेद्देवि
उत्तानौ तु समाहितः ।
अनामे कुञ्चयित्वा तु
वीणामुद्रा प्रकीर्तिता ॥ १८ ॥

कुब्जा वीणाविषया । एषा वामपार्श्वे प्रदर्शनीया । अस्याः सतत्त्वं दर्शितमेव ॥ १८ ॥

प्रसारयेदङ्गुलीस्तु
कनिष्ठानाममध्यमाः ।
अङ्गुष्ठेनाक्रमेदाद्यां
परशुः समुदाहृतः ॥ १९ ॥

स्वपराङ्मुखेन दक्षहस्तेन स्कन्धदेशे प्रदर्श-

नीयोऽयम् । तत्त्वमस्याः पूर्वमेव दर्शितम् । एताश्च मुद्रा गुप्ताः प्रदर्शनीयाः, अगुप्ते तु आयतनादौ वस्त्राच्छादिताः, अथवा स्मर्तव्या एवेति गुरवः । केचिदत्र परशुमुद्रास्थाने

'आमयेदङ्गुले द्वे तु चक्रं दुष्टनिकृन्तनम् ।'

इति पठन्ति । अन्यैस्तु एतत्प्रसङ्गात् शङ्खपद्म-मुद्रालक्षणमपि क्षिप्तम्, अपरैस्तु परशुलक्षणं

'राजावर्तनिभो देवि मुद्गरः परशुस्तथा ।'

इति एतदनन्तरं पठितम् । तत् सर्वमुपक्रमोप-संहारानुरूपत्वादुपेक्ष्यम् । एवं च प्रायशो ग्रन्थान्तरप्रक्षेपो ग्रन्थविपर्यासः पाठविपर्या-सश्च अस्य ग्रन्थस्य दुर्मेधोभिः परिकल्पितः शत-शाखो दृश्यते । सोऽस्माभिः पुरातनपुस्तकान्वे-षणतो यावद्गति अपसारित इति आस्ता-मेतत् ॥ १९ ॥

एतदुपसंहरन्प्रकृते योजयति

एता मुद्रा महादेवि
भैरवस्य प्रदर्शयेत् ।
आवाहने निरोधे च
तथा चैव विसर्जने ॥ २० ॥

एता इत्युपसंहारात् कः परशुमुद्रायाः परो ग्रन्थेऽवसरो भैरवस्य उक्तः, कश्चक्रपद्मादिमुद्राणामवकाशो ध्यानग्रन्थे तेषामनुद्देशादिति यथापठितमेव साधु। आवाहनेत्यादिना

'मुद्रां प्रदर्शयेत्पश्चात्त्रिधा त्रैकाल्यकर्मणि।' (२।१०२)

इति पूर्वोक्तमेव निर्वाहितम् ॥ २० ॥

अथ ये वक्त्राङ्गभैरवाद्या आवरणस्थाः, तेषां साधारणं मुद्राबन्धं प्रदर्शयति

कपालं चैव खट्वाङ्ग-
मनुक्तेषु प्रदर्शयेत्।

सर्वेषां ज्ञानक्रियाशक्तिस्फारसारत्वात् मुद्राणां सन्निवेशमुक्त्वा यथौचित्यमासां मानसं रूपमाह

कपालं धवलं ज्ञेयं
खट्वाङ्गं च तथैव हि ॥ २१ ॥
त्रिशूलं चैव नाराचं
खड्गो नीलोत्पलप्रभः।
स्फरं रक्तं पिनाकं च
कृष्णं संपरिकीर्तितम् ॥ २२ ॥

घण्टा हेमप्रभा ज्ञेया-
ङ्कुशो मरकतप्रभः ।
पाशो भिन्नाञ्जननिभः
स्फटिकाभोऽभयः स्मृतः ॥२३॥
वरश्चित्तप्रसादेन
ध्यातव्यो वरवर्णिनि ।
डमरुं हेमसङ्काशं
वीणां चैतत्समप्रभाम् ॥ २४ ॥
दण्डं रक्तं विजानीया-
द्वज्रं पीतं विचिन्तयेत् ।
राजावर्तनिभो देवि
मुद्गरः परशुस्तथा ॥ २५ ॥

चित्तप्रसादेनेति प्रसादश्चित्ततुल्योऽनुपाधिसंवित्प्रकाशरूप इति यावत् ॥ २५ ॥

उपसंहरति

मुद्रापीठं समाख्यातं
चतुर्वर्गफलोदयम् ।

न केवलं पूर्वनिर्दिष्टनीत्या इदं तन्त्रं विद्याम-

श्रमण्डलपीठरूपं यावदिह मुद्राश्रयतया मुद्रापीठरूपमपि चतुर्वर्गस्य समय्यादिचतुष्टयस्य रक्षासन्निधितत्त्वानुप्रवेशहेतुत्वात् फलोदयो यतः । एतत्

'चतुष्पीठं महातन्त्रं चतुर्वर्गफलोदयम् ।' (१।५)

इत्यस्य ग्रन्थस्य निगमनरूपम् ॥

एवं मुद्राणां कायीयं मानसं च रूपमुक्त्वा, वाचिकमपि आह

प्रणवासनमारूढा
ओंकाराद्या वरानने ॥ २६ ॥
स्वनामकृतविन्यासा
नमस्कारावसानिकाः ।

भगवच्छक्तिरूपाणां मुद्राणां स्वरूपं विमृशेत् ॥

एवं सन्निवेशबन्धध्यानमन्त्रपरामर्शस्फुटीकृता एता विघ्नत्राणभगवत्स्वरूपसन्निधानतदनुप्रवेशनादिरूपाणि

साधयन्ति महादेवि
फलानि विविधानि तु ॥ २७ ॥

देव्या महत्पदेन विशेषणेर्न मुद्रावीर्यज्ञतां

प्रकाशयन्मुद्राणां वीर्यमेव सारभूतमिति शिक्षयति ॥ २७ ॥

पाटलिकं प्रमेयमुपसंहरति

निर्विघ्नकरणं ख्यातं
मुद्राणां लक्षणं प्रिये ।
वेदितव्यं प्रयत्नेन
साधितव्यं महात्मना ॥ २८ ॥

यद्यपि भगवत्सन्निधानतदनुप्रवेशादौ विघ्नव्युदासार्थं समय्यादिभिरपि एतत् मुद्रालक्षणं ज्ञातव्यं, तथापि साधकेन विशेषतो ज्ञातव्यं मुद्राबन्धरक्षितस्यैव अस्य साध्यसिद्धेः । यथोक्तं पूर्वशास्त्रे

'याभिस्तु रक्षितो मन्त्री मन्त्रसिद्धिमवाप्नुयात् ।' (७।१)

इति शिवम् ॥ २८ ॥

स्वावष्टम्भवशोन्मिषन्निजमहामन्त्रावमर्शस्फुरत्-
स्वच्छन्दस्फुरणामयाः परतरस्फारामृतस्यन्दिनः ।
उद्यन्त्येव तनावकृत्रिमतया द्रागेव मुद्राक्रमा
यस्य त्रोटति पाशकुञ्जरभरः पायात्स एकः शिवः ॥

इति स्वच्छन्दोद्योते मुद्राप्रकाशः चतुर्दशः पटलः ॥१४॥

अथ

श्रीस्वच्छन्दतन्त्रम् ।

श्रीमन्महामाहेश्वराचार्यश्रीक्षेमराजकृतोद्योताख्य-
विवरणोपेतम् ।

(पञ्चदशः पटलः)

.... ।

......स्वात्मविश्रान्तेः स्वच्छन्दो जयति प्रभुः ॥

अथ समयिमध्ये समयिनां तान्त्रिकव्यवहारगोपनेन निर्विघ्नसिद्धिसम्पत्त्यर्थं प्राक्प्रमेयशेषतया पटलमारभमाणश्छुम्मकाशर्मपर्यायपारिभाषिकसंज्ञाभिर्लौकोत्तरव्यवहारप्रवर्त्तनेन गूढतया शास्त्रस्य अस्य रहस्यतां दर्शयितुं श्रीभैरव उवाच

जपध्यानादियुक्तस्य
चर्याव्रतधरस्य च ।
छुम्मकाः संप्रवक्ष्यामि
साधकस्य वरानने ॥ १ ॥

छुम्मका तत्समयानुप्रविष्टसञ्चित्या पारिभाषिकी संज्ञा । साधकस्येति प्राचुर्याश्रयेण ॥

तत्र

भैरवस्तु स्मृतो धाम
सर्वदस्तु गुरुः स्मृतः ।
साधकस्तु गिरिर्ज्ञेयः
पुत्रको विमलः स्मृतः ॥ २ ॥

आराध्यदेवतायाः परमोपादेयत्वात् तदुपक्रमा इयमुक्तिः । धामेति सूर्यसोमवह्नितेजसामपि प्रकाशकत्वात् विश्वविश्रान्तिस्थानकत्वाच्च धाम । सर्वद इति स्वात्मनि परिपूर्णतया निराकांक्षस्य गुरोः परार्थैकप्रयोजनत्वात् । गिरिरिति अप्रकम्प्यत्वादाराधनैकतत्परः । विमल इति सर्वस्या आन्तरभूमेः संशोधनात् विगतमलः । स्मृत इति अविच्छेदेन पारम्पर्येण । एवमुत्तरत्र ॥ २ ॥

समयी कान्तदेहस्तु
भगिन्यो बलदर्पिताः ।

कान्तदेह इति कान्तः शुद्धविद्यानुप्रवेशेन दीप्तिमान्देहो यस्य । मन्त्रसिद्धिफलेन याः सञ्जातदर्पा नार्यस्ता भगिन्य इव मन्त्राराधननिष्ठानामिति तथोक्ताः ॥

सर्वेषामेषां यागोपयोगिद्रव्यविशेषविषयां छुम्मकामाह

मद्यं तु हर्षणं ज्ञेयं

हर्षयतीति कृत्वा ॥

मुदिता तु सुरा स्मृता ॥ ३ ॥

मुदितेति मुदितं हर्षस्तद्धेतुत्वात् ॥ ३ ॥

तथा

मत्स्या जलचरा ज्ञेयाः

जलचरजातेः श्रीचर्याकुलनिरूपितनीत्या चरुभोजनतो दीक्षितत्वात् भैरवयागे परमोपादेयत्वमित्येवं छुम्मकया निर्देशः ॥

मांसं च बलवर्धनम् ।

मांसेन असाधारणचमत्कारहेतुना रसादिधातुषट्कपरिपुष्टिक्रमात् बलस्य वीर्यस्य वर्धनात्

'जग्धिपानकृतोल्लासरसानन्दविजृम्भणात् ।' (७२)

इति श्रीविज्ञानभट्टारकनिरूपितनीत्या योगिनं प्रति बलस्य स्पन्दात्मनः शाक्तवीर्यस्य विवर्धनादुत्तेजनादेवमभिधानम् । गोवलीवर्दन्यायेन च मत्स्यात् मांसं व्यतिरिक्तमुच्यते ॥

जातं प्ररूढमित्याहु-
र्मृतं चैव पराङ्मुखम् ॥ ४ ॥

देहप्राणादिबन्धसांमुख्यादपवृत्तमित्याहुः पारम्पर्यनिष्ठाः ॥ ४ ॥

रक्तं त्वमृतमित्याहुः
पद्मनालोऽन्त्रसञ्चयः ।
शुक्रं चन्द्रः समाख्यातः
स्नायुः सूत्रं प्रकीर्तितम् ॥ ५ ॥

तत्तद्रहस्ययागविशेषोपयोगिनां रक्तहृत्पद्मान्त्रशुक्रस्नायूनाममृतं पद्मनालश्चन्द्रः सूत्रमिति गुप्तानि सङ्केतनामानि परमाप्यायहेतुत्वात् कर्णिकादलादियुक्तत्वादस्थूलदीर्घरूपत्वात् सितत्वाह्लादकत्वयोगात् तत्तदुपह्रियमाणवस्तुग्रथनहेतुत्वाच्चेति एतेऽत्र हेतवः क्रमेण योज्याः । पद्ममित्यत्र आवृत्त्या द्विः पद्मशब्दः स्थितः, तेन हृत् पद्ममित्येवमभिधातव्यमित्यर्थः ॥५॥

किञ्च वीरचर्यास्थानं

श्मशानं डामरं ज्ञेयं

समस्तशङ्कातङ्कत्रोटकत्वेन उड्डामरत्वात् डामरम् ॥

तत्रत्येऽपि क्वचित्कर्मणि सहचरतया उपयुक्तः

राक्षसस्तु भयङ्करः।

पिशाचो रोमजननः

अधीराणां मितहृदयत्रासप्रदत्वात् भयेन रोमोर्ध्वसरणाच्च ॥

क्वचित् रहस्याचारे उपयुज्यमाना

रुहा ज्ञेया रजस्वला ॥ ६ ॥

रोहतीति रुहा वीरचर्याया आश्रयभूता ॥

रात्रिं वै च्छादिकां विद्धि

छादयति पशूनामदर्शनपथं प्रापयति वीराचारमिति च्छादिका ॥

यत्र तु रहस्यवीराचारो दर्शनीयो न भवति, तत्

प्रकाशश्च दिनं भवेत्।

प्रकटत्वात् प्रकाश इत्युच्यते इत्यर्थः ॥

अथ नेत्रजिह्वादौ कर्मविशेषोपयोगिनि शरीरावयवे पारिभाषिकं सङ्केतं करोति

नयने चञ्चले ज्ञेये
जिह्वां संग्राहिकां विदुः ॥ ७ ॥

लम्बिकादिरससङ्ग्राहित्वात् ॥ ७ ॥

तथा

करौ धनकरौ ज्ञेयौ
पादौ सहचरौ विदुः ।

परमेश्वरताप्राप्तिहेतुपूजानिधानकर्तृत्वादेकैकस्य गमनाद्यनुपपत्तेश्च ॥

किञ्च

लिङ्गं सन्तोषजननं
भगः प्रीतिविवर्धनः ॥ ८ ॥

स्पष्टार्थसंज्ञे ॥ ८ ॥

क्वचित् वीरपाशच्छेदादावुपयुज्यमानं

शस्त्रं विभागजननं

तथा

कर्तरी कार्यसाधिका ।

कार्यं पाशसूत्रादिकर्तनं साधयतीति ॥

तथा

दूती संवाहिका ज्ञेया

समं सह वाहयति निर्वाहयति वीरस्य रहस्याचारमिति संवाहिका दूती भार्या उच्यते, अथ दूती घण्टा सममान्तरध्वनिना वाहयति प्रापयति बाह्यमिति कृत्वा संवाहिका ॥

तथा

धूपो ह्लादन उच्यते ॥ ९ ॥

गन्धः सन्तोषजननः

गन्ध इति समालम्भनद्रव्यम् । छुम्मके एते स्पष्टार्थे ॥

राजानो धारकाः स्मृताः ।

ये धारकाः पिष्टादिमया दीपाधारास्ते राजन्ते दीप्यन्ते इति कृत्वा राजान उक्ताः, अन्ये तु ये राजानो भूमिपालास्ते धारयन्ति पूजा इति कृत्वा धारका इति व्याख्यातवन्तः ॥

पशुर्विबोधको ज्ञेयः

यः पशुर्देवताभ्य उपहारीक्रियते, स वसा-स्नृगाद्याहारक्रमेण विबोधयति तास्ताः संवि-द्देवता इति विबोधकः ॥

यस्तु देवताभिः साधितो विशिष्टः कश्चित् चरुकः, सः

चरुकः सार्वकामिकः ॥ १० ॥

सर्वान् कामान् समवाप्नोतीति कृत्वा ॥१०॥

अन्नं साधनमित्युक्तं

यत्पुनरन्नं, तत् साधनमिति उक्तम् ॥

वसा मण्डमिहोच्यते ।

सर्वजनसाधारणत्वात् मण्डमिव मण्डमा-म्नायः ॥

अथ

दिशां मुखं तु श्रवणं

श्रवणं श्रोत्रं दिग्देवताधिष्ठितत्वात् दिशां मुखमिति उच्यते ॥

त्वक् च संवेदनी स्मृता ॥११॥

संवेद्यते अनया स्पृश्यं वस्तु इति कृत्वा ॥

घ्राणं सुस्थितमित्युक्तं

सुगन्धिद्रव्याघ्राणक्रमेण सुखेन स्थितं स्थानं संविदो यस्मिन्निति कृत्वा ॥

मुखं तु प्रविचारकम् ।

मुखमिति उपहार्यपशुशिरः प्रविचार्यते चक्षुरादिद्वारेण रूपादिवस्तु येनेति कृत्वा प्रविचारकमुच्यते ॥

पशुः प्रचारो विज्ञेयः

प्रचारस्य विश्वेन्धनक्षारविमोकस्य हेतुत्वात् प्रचारः ॥

एवं पश्वङ्गविषयां छुम्मकामुक्त्वा अन्या अपि आह

माता धात्रीति कथ्यते ॥१२॥

पितरं सृष्टिकर्तारं

भ्रातरं पालकं विदुः ।

भगिनी शुभकरी ज्ञेया

सखी सर्वार्थसाधिका ॥ १३ ॥

मित्रं गुणानां जननं

गुणनाशं रिपुं विदुः ।

स्पष्टम् ॥

पुनः शरीरावयवेषु च्छुम्मकाः प्राह

छित् स्फिजौ कीर्तितो देवि

छिनत्ति द्विधा प्रकाशयति अधःकायसंस्थानमिति च्छित् ॥

दृष्टिश्चक्षुः प्रकीर्तितम् ॥ १४ ॥

दृष्टिर्दर्शनव्यापारः । चष्टे व्यनक्ति रूपमिति चक्षुः ॥ १४ ॥

दशनाः खण्डका ज्ञेयाः

खण्डयन्तीति कृत्वा ॥

आधार उदरं स्मृतम् ।

उदरं यत्तदशितादेरा समन्तात् धारणादाधारः ॥

हृदयं गुह्यमित्युक्तं

हृत्स्थानं गुह्यात्माश्रयत्वात् गुह्यम् । यत्तु गुह्यं, तत् प्रीतिविवर्धनमिति पूर्वमेव उक्तम् ॥

कठिनं त्वस्थि विद्धि हि ॥१५॥

मेदो वसां विजानीयात्

अस्थि कठिनमित्युच्यते । यत्तु मेदः, तत्
मेदयतीति कृत्वा वसा ॥

मज्जा पुष्टिकरः स्मृतः ।

मज्जाख्यस्य धातुविशेषस्य पुष्टिहेतुत्वात्पुष्टि-
कर इति उक्तः ॥

विष्ठां विदूषिकां विद्धि

विदूषयति विकृतां शारीरीं स्थितिं सम्पा-
दयतीति कृत्वा ॥

मूत्रं स्राव इहोच्यते ॥ १६ ॥

स्रवणं स्रावः ॥ १६ ॥

कालेयकं तु कुसुमं

कालेयकं कृष्णपद्मम् । तत् कुसुममिव कुसुम-
मिति चमत्कृतिकारित्वेन देवतात्महेतुत्वात् ॥

धूमं धृतिकरं विदुः ।

श्मशानोत्थितोऽत्र धूमो विवक्षितः । स च
देवतानां प्रियत्वात् धृतिकर इति उक्तः ॥

मेलकं चैव सङ्घातः

देवतानां सम्बन्धि यत् मेलकं मेलनं, तत् सङ्घात इति उच्यते ॥

एतन्मेलकोपदेशेन यः देवानां
पुत्रः सोद्द्योतकः स्मृतः ॥१७॥

उद्द्योतयति अज्ञाननिवारणेन जगदिति कृत्वा ॥ १७ ॥

किंच

दुहिता ह्लादिका ज्ञेया

ह्लादयति तत्त्वोपदेशेन जगदिति कृत्वा ॥

क्षुब्धं वै चलितं विदुः ।

आरुरुक्षुः प्राथमिके योगाभ्यासे स्थित्यलाभात् क्षुब्धश्चलित इति उच्यते ॥

दूषको जार इत्युक्तः

यः क्वचिदिज्यादौ दूषकः, स ज्यानिहेतुत्वात् जार इति उक्तः ॥

पीतं वन्दितमेवच ॥ १८ ॥

भक्षितं प्राप्तमित्याहु-
श्छर्दितं विकृतीकृतम् ।

यत् रहस्यद्रव्यं किंचित्पीतं, तत् वन्दित-

मुच्यते । एवमेव यत्किञ्चित् भक्षितं, तत्
प्राप्तमित्याहुः । छर्दितं यत्किञ्चिन्नैवेद्यं संवा-
दिभक्तितारतम्यात् बहु अशितं सत् प्रमादात्
वान्तं, तत् विकृतीकृतं वाच्यम् ॥

इत्थं

दूषितं कर्षितं ज्ञेयं

यत्किञ्चिन्नलकादि दूषितं, तत् कर्षितं ज्ञे-
यमाहृतचरमित्यर्थः ॥

संमतं समयं विदुः ॥ १९ ॥

पारमेशः समयोऽवश्यानुष्ठेयत्वात् संमत-
मिति उक्तः ॥ १९ ॥

महल्लो रक्षको ज्ञेयः

यः पारमेशाचारस्य रक्षकः, स महल्ल उच्यते
महदुत्तमं पारमेशपदं लातीति कृत्वा ॥

छगलस्तु कनिष्ठकः ।

यश्छगलः पशुः, स कनिष्ठक उच्यते । क्रमो
ज्येष्ठमध्यमत्वात् ॥

विनयो देहकर्म स्यात्

तद्धि विनीततां करोति ॥

१८

साधनं तु जपः स्मृतः ॥२०॥

साध्यतेऽनेन भुक्तिमुक्ती इति साधनम् ॥

होमितं सिद्धिजननं

होमकर्मोपपन्नं हविर्यत्, तत् सिद्धिं त्रिविधां जनयतीति ॥

तथा

विभागो रोचकः स्मृतः ।

चरुकादेर्यो विभागो विभजनं, स रोचकः रोचयति परां प्रीतिं जनयतीति कृत्वा ॥

कदम्बं वृन्दमित्याहुः

देवतानां वीरद्रव्यादीनां यत् वृन्दं समूहः, तत् कदम्बं वदन्ति ॥

विरलोऽश्लिष्ट उच्यते ॥ २१ ॥

यो वीराचारात् पृथग्भूत इत्यर्थात् ॥ २१ ॥

विमलः शिष्य इत्युक्तः

यः शिष्यः शासनीयः, स गुरुप्रसादात् विगतमल इति कृत्वा विमलः ॥

इच्छा चाज्ञा प्रकीर्तिता ।

गुर्वादीनां सम्बन्धिनी आज्ञा यत्र लब्धा,

तत्र असौ तदीयानुग्राहिका इच्छा स्थितेति यावत्॥

देवतादर्शनं यत्तत्

किञ्चिद्सामान्यमेतदित्थं विमृष्टमित्यर्थः॥

लब्धं शस्त्रहतं विदुः॥ २२॥

यः शस्त्रहतः पशुः, तं लब्धमिति आमनन्ति॥ २२॥

निशाचरो बिडालः स्यात्

निशायां चरो यस्य वीरस्य, स बिडाल उच्यते। बिडालो हि रात्रावाखूनाहरति, अयं तु वीरपशून्॥

नखिनश्च विदारकाः।

ये वीरपशूनां विदारकाः, ते नखिन उच्यन्ते विदारकत्वसाधर्म्यात्॥

आनीतं सारितं ज्ञेयं

महाचर्वादि यदानीतं, तत् सामरस्येन संजातमिति कृत्वा सारितमिति उच्यते॥

रक्षितं पिहितं तथा॥ २३॥

यत् रक्षितं, तत् पिहितमिति वाच्यम्॥

अथ कदाचित् तीव्रशक्तिपातवशात् समासा-
दिते मेलके तत्तत्तत्त्वसाक्षात्कारमार्गं साधके-
न्द्रस्य देव्यो दर्शयन्तीत्यादिशति अनुग्रहपरः
परमेश्वरः

शिखां संस्पृशते या तु
    सा तु शक्तिं विनिर्दिशेत् ।
शिरः प्रदर्शयेद्या तु
    सा च बिन्दुं विनिर्दिशेत् ॥२४॥
ललाटं दर्शयेद्या तु
    ईश्वरं सा विनिर्दिशेत् ।
तालुकं दर्शयेद्या तु
    तया रुद्रः प्रकीर्तितः ॥ २५ ॥
जिह्वां प्रदर्शयेद्या तु
    विद्यां साथ विनिर्दिशेत् ।
सप्त कोट्यस्तु मन्त्राणां
    तस्या ज्ञेयास्तु सुव्रते ॥ २६ ॥
घण्टिकां दर्शयेद्या तु
    तयानन्तः प्रदर्शितः ।

कण्ठं तु संस्पृशेद्या सा
        कालतत्त्वं विनिर्दिशेत् ॥ २७ ॥
हृत्पद्मं दर्शयेद्या तु
        पुरुषं सा विनिर्दिशेत् ।
नाभिं प्रदर्शयेद्या तु
        प्रकृतिं सा विनिर्दिशेत् ॥ २८ ॥
तस्याधस्ताद्बुद्धितत्त्वं
        यदि स्याद्दर्शनं प्रिये ।

प्रशान्ताशेषतरङ्गशिवधामनि परमनिर्वाण-
रूपे न काचित्सिद्धिरस्तीति कृत्वा साधकेभ्यो
मेलकावसरे वरदानोद्यता देव्यः सिद्धिमाधारा-
धिरूढाच्छक्तिस्थानात्प्रभृत्येव ददतीति तदुप-
क्रममेव निर्देशः कृतः । बिन्दुमिति अशेषवा-
च्यवाचकाविभागप्रकाशं सादाशिवं धाम ।
कीर्तित इति मया साक्षात्कृत इति दर्शितः ।
सप्त कोट्य इत्युक्तेः साधकस्य अस्याः सकाशात्
तत्तन्मन्त्रसिद्धिलाभो भवतीति । तालुकं तालुर-
न्ध्रम् । घण्टिका तदधो लम्बमाना लम्बिकाख्या

शक्तिः । अनन्त इति मायातत्त्वाधिष्ठाता । कालनियतिपुरुषतत्त्वैर्नवात्मप्रक्रियावत्कलाविद्यारागतत्त्वानि संगृहीतानि दर्शितानि । यदि स्यादिति यदि तया साक्षात्कृतं भवेदित्यर्थः ॥

किञ्च

यदा गुह्यं स्पृशेद्देवि

तदा असौ

अहङ्कारोऽधिदैवतम् ॥ २९ ॥

साक्षात्कृतं सूचयतीत्यर्थः । अत्रैव च अन्तर्भूतस्येन्द्रियतन्मात्रषोडशकस्य दर्शनं, न पृथक् ॥

किञ्च

कटिं सन्दर्शयेद्या तु
व्योम तत्राधिदैवतम् ।
ऊरुकौ दर्शयेद्देवि
पवनं सा विनिर्दिशेत् ॥ ३० ॥
जानुनी दर्शयेद्या तु
तया तेजः प्रकीर्तितम् ।

जङ्घे प्रदर्शयेद्या तु
वरुणं सा विनिर्दिशेत् ॥ ३१ ॥

एवं मेलकावसरे देवीभिश्छुम्मकायां दर्शितायां प्रतिछुम्मका यादृक् साधकेन दर्शयितव्या, तादृशीमाह

शरीरं दर्शयेद्देवि
सर्वदेवमयं प्रिये ।

तदा अस्य

पूजाभिजपयुक्तस्य
ध्यानयुक्तस्य मन्त्रिणः ॥ ३२ ॥
समयाचारयुक्तस्य
कालांशकविदः प्रिये ।
क्रियोपेतस्य देवेशि
योगिन्यस्तु वरप्रदाः ॥ ३३ ॥
दर्शयन्ति महाध्वानं
नानाभोगसमन्वितम् ।

गिरिराजस्य देवेशि
यं गत्वा फलमश्नुते ॥ ३४ ॥

क्रिया प्रोक्तरूपा । दर्शयन्ति स्वदेहस्थमेव प्रत्यक्षीकारयन्ति । गिरिराजस्य साधकेन्द्रस्य । यं गत्वेति साक्षादनुभूय गमेर्ज्ञानार्थत्वात् । फलमश्नुते इति तत्तद्भोगभुग्भवति ॥ ३४ ॥

किञ्च अस्य एता योग्यतातिशयात्

भैरवेण समाज्ञप्ताः
शक्तयस्तु वरानने ।
अन्याश्च सिद्धीर्विविधा
अधमा मध्यमोत्तमाः ॥ ३५ ॥
अन्यतन्त्रसमुत्थाश्च
साधयन्ति न संशयः ।

भैरवेण समाज्ञप्ता इत्यनेन परमेश्वर एव इत्थं साधकस्य अभीष्टदानाय उद्यच्छतीत्याह । न संशय इति निश्चितमेव एतदित्यर्थः ॥

उपसंहरति

एवं संक्षेपतः प्रोक्तं
मेलकं तु वरानने ॥ ३६ ॥
सतताभ्यासयोगेन

योग्यतमता जाता ॥

तस्मै

ददते चरुकं स्वकम् ।

दद दाने इत्यस्य अयं प्रयोगः । स्वकं स्वात्मार्थं साधितमसामान्यमित्यर्थः ॥

तदाह

यस्य संप्राशनाद्देवि
वीरेशसदृशो भवेत् ॥ ३७ ॥

संप्राशनमविकल्पमाहरणम् । वीरेशो भैरवनाथः ॥

यत एवं

तस्माद्ध्यानार्चने होमं
जपं च वरवर्णिनि ।

कुर्वन्ति भावितात्मान-

स्ततः सिद्ध्यन्ति मन्त्रिणः ॥३८॥

भावितात्मस्त्वं सुदृढ आश्वासः ॥ ३८ ॥

..........................धुरन्धुराः ।

संपूर्णसिद्धीर्विदधत्स्वच्छन्दो जयति प्रभुः ॥

सर्वत्रैव स्फुरति सततं सर्वसर्वात्ममूर्ति-

र्योऽसौ स्वच्छोच्छलितललितो बोधसिन्धुः समन्तात् ।

स्वच्छन्दोऽयं जयति भगवान्सर्वसम्पन्निधान-

स्फीतस्फूर्जन्निरुपमसुधास्फारसारस्वशक्तिः ॥

इति श्रीस्वच्छन्दोद्योते छुम्मकाप्रकाशः पञ्चदशः पटलः ॥

नात्मैव भेददृष्टिर्विधुता येनास्वतन्त्रतातत्त्वा ।

श्रीमत्स्वतन्त्रतन्त्रं भेदव्याख्यां न तत्सहते ॥

भेददर्शनसंस्काररतन्तुसन्ततमादितः ।

स्वच्छस्वच्छन्दचित्स्वात्मसतत्त्वं नेक्षते जनः ॥

गतानुगतिकप्रोक्तभेदव्याख्यातमोऽपनुत् ।

तेनाद्वैतामृतस्फीतः स्वच्छन्दोद्योत उम्भितः ॥

श्रीब्रह्मदेवादिगुरुक्रमाद्यः

श्रुत्वा चिरं व्याकृतवान्स्वतन्त्रम् ।

श्रीमान्प्रयागो गुरवस्तथान्ये

तेऽभ्यर्थनायां पुनरप्रवृत्तौ ॥

निस्सीमजन्ममरणादिव संप्ररूढ-
मेदाधिवासितमना न यदभ्यमंस्त।
....
..............................॥

श्रीभैरवीयपरमाद्वयशक्तिपात-
पूताः सदैव गुरवो गलितापरेच्छाः।
स्वच्छस्वतन्त्रमतिसुन्दरमात्मतत्त्वं
संप्राप्नुवन्तु सह दीक्ष्यजनैरजस्रम्॥

पूर्णानुभवसद्युक्तिः सदाचारपरम्परा।
विश्रान्ता यत्र यस्मिंश्च कार्तार्थ्यं गुरवोऽप्यगुः॥

तत्त्वोपदेशाद्यो विद्यासुधाम्भोधिसुधाकरः।
यत्कृतैः शास्त्रसद्वृत्तिमण्डनैर्मण्डितं जगत्॥

अकस्मात्सर्वशास्त्रार्थज्ञत्वाद्यं लक्ष्मपञ्चकम्।
यस्मिञ्छ्रीपूर्वशास्त्रोक्तमदृश्यत जनैः स्फुटम्॥

हेलावलोकनादेव जन्तून्योऽमोचयत्क्षणात्।
श्रीमतोऽभिनवाच्छास्त्रमागमय्य गुरोरिदम्॥
व्यावृणोत्क्षेमराजस्तत्पादधूलिपवित्रितः।

ग्रस्तोऽयं सकलो भवो विगलिताः कर्माणुमायामलाः
प्राप्तानन्दघना स्थितिः किमपरं लब्धः प्रकाशः परः।
श्रीमच्चेतनभैरवस्तुतिरसास्वादेन लब्धोदयै-
रस्माभिर्विमले हृदम्बरतले निर्यन्त्रणं स्थीयते॥

स्वतन्त्रः स्वच्छात्मा स्फुरति सततं चेतनशिवः
परा शक्तिश्चेयं करणसरणिप्रान्तमुदिता ।
तदाभोगैकात्म प्रसरति समस्तं जगदिदं
न जाने कुत्रायं ध्वनिरनुपतेत्संसृतिरिति ॥

इति श्रीमन्महामाहेश्वराचार्यविपश्चिच्चक्रवर्तिश्रीमदभिनवगुप्तपाद-पद्मोपजीविश्रीमत्क्षेमराजविरचितः श्रीस्वच्छन्दोद्द्योतः सम्पूर्ण इति शिवम् ॥

9 788121 213813

Printed by Libri Plureos GmbH in Hamburg, Germany